역대 정부의 안보정책

정책 현안과 평가

전지명

三 英 社

책을 내면서

격변하는 국제 정치 구도 속에서 우리의 안보 환경도 국내외 정세의 변화에 따라 격변을 거듭해 왔다. 2025년 3월 트럼프 미국 대통령과 젤렌스키 우크라이나 대통령의 워싱턴 정상회담이 파국으로 끝난 것에서 보듯, 이는 냉엄한 국제질서를 반증하고 있다. 이처럼 대외 환경도 급변하는 가운데 한반도와 동북아 정세는 험난하고 남북 관계도 최악의 대결 국면이다. 더구나 강력한 미국 우선주의 정책으로 회귀하게 되는 트럼프 2기 행정부의 실리주의 대외정책 변화를 고려하고 대비해야 하는 상황이다. 그러한 가운데 2025년 3월 미국이 동맹국인 한국을 민감국가 리스트에 포함시켰다.

이러한 변화 속에서 각 정부는 각기 다른 성격을 토대로 다양한 안보 정책을 전개해 왔고, 이에 대한 논쟁은 지금도 지속되고 있다. 예컨대, 주한미군 철수를 비롯하여 일본과 지소미아 협정, 사드 배치, 개성공단 폐쇄, 북한의 핵실험 등등 이루 헤아릴 수 없을 정도로 많은 안보 쟁점들이 제기되어 왔다. 그럴 때마다 이에 대한 찬반과 정부의 대응 방법을 둘러싼 갈등이 고조되었으며 심하게는 국력 낭비를 초래하는 쟁점화를 경험했고, 앞으로도 그럴 것이다.

이러한 현상은 정부의 안보 정책이 국민의 생명과 안전뿐 아니라 국가의 존망과도 직결된 중차대한 문제이기 때문이다. 더구나 점증하는 북핵의 실질적 위협에 직접 노출된 우리의 경우 그 중요성이 더욱 크다고 할 것이다. 따라서 대통령도 취임식에서 "나는 헌법을 준수하고 국가를 보위하며 조국의 평화적 통일과 국민의 자유와 복리의 증진 및 민족 문화의 창달에 노력하며 대통령으로서의 직책을 성실히 수행할 것을 엄숙히 선언합니다"라고 헌법 제69조에 규정되어 있는 선서를 하는 것이다.

책을 내면서

대통령이 선출되고 정부가 구성되면 안보 정책이 발표되고 그에 기초하여 시대적인 융통성과 환경적인 적응성을 지닌 안보 현안이 상황에 따라 전개되어 진다. 그 과정에서 우리나라 안보 정책 불변의 상수는 정부의 성격과 관계없이 북한의 존재이며 그리고 이에 대한 정책의 전개에 대한 평가와 논쟁이 뒤따르고 국론 통일이 강조되었다. 그러나 정부의 성격에 따라 앞선 정부의 안보 정책이 부정당하거나 폄하되는 사례를 쉽게 보아왔으며, 국민적 갈등까지 초래하였다. 이뿐만 아니라 정권에 따라 계속 바뀌어온 일관성없는 대북정책으로 인해 북한 도발의 악순환이 반복되었고, 결과적으로 북한을 사실상 핵보유국이 되게 만들었다. 이제 북핵 고도화는 한반도 안보에 실질적인 위협이 되고 있으며, 우리에게 벗기 어려운 무겁고도 가혹한 멍에가 되고 있다.

이러한 의미에서 본서는 그간 각 정부에서 전개한 대표적인 안보정책과 제기된 현안에 대하여 그를 둘러싼 전문가들의 의견과 비교 평가를 재평가하는 데 목적을 두었다.

본서에서 전문가들이란 국가의 안보 의제에 직간접적인 영향을 주고 또한 여론 형성에도 부분표본 역할을 한다고 판단되는 통일부와 외교부의 정책자문위원을 대상으로 하였다. 물론 양 부처의 자문위원 외에도 수많은 안보 전문가들이 있으며, 안보 이슈에 대한 평가나 정책에 여러 형태로 영향을 미치고 있으나 이 책에서는 제외하였다. 물론 양 부처의 자문위원들이 모두 의견을 밝힌 것은 아니며 표본으로 선정한 각종 매체에 견해를 밝힌 것에 한정하였다. 또한 정부의 안보 정책 및 현안에 대한 검토는 민주화 이후 직선제로 선출된 노태우 정부부터 문재인 정부까지를 대상으로 하였다. 현재의 윤석열 정부 출범 3년 차에서는 얼어붙은 남북 관계가 일촉즉발의 대결 양상으로 치닫고 있다. 문재인 정부 때 북한과 합의한 9·19남북군사합의의 파기 선언에 이어 김정은이 남북 관계를 '교전 중인 두 개의 적대 국가'로 선포하여 우리 헌법이 규정하고 있는 '평화적 통일 추구'와 정면 충돌되고 있다. 그러나 윤석열 정부는 진행 중인 정부라는 점에서 논외로 하였다가 2024년 12월 윤 대통령의 불법 비상계엄에 따른 탄핵으로 본서에 보론(補論)이 추가되었다.

한편 역대 정부의 임기 동안 추진 발생했던 주요 안보 이슈는 형평성을 고려하여 각각 정부별로 동일하게 3개씩을 선정하였으며 모든 정부에서 공통적으로 거론된 안보 이슈 3가지도 부록에 선정하였다.

이 같은 안보 이슈와 관련한 논쟁은 언론매체를 비롯하여 전문 학술지 등을 통하여 표출되고 있으나 언론매체에서 방송은 집계상 문제가 있으므로 제외하였으며 보수와 진보를 대표하는 전국 5대 일간지(조선, 동아, 중앙, 경향, 한겨레)를 모집단으로 선정하여 자료를 집계했다. 그리고 전문 학술지는 안보 및 북한 문제와 관련된 주요 학회 및 연구 기관의 학술지를 대상으로 위 안보 이슈화 관련된 논문을 대상으로 했다. 따라서 학술지는 한국정치학회의 『한국정치학회보』, 한국국제정치학회의 『국제정치논총』, 북한연구학회의 『북한연구학회보』, 통일연구원의 『통일정책연구』를 비롯하여 대통령 자문기구인 민주평화통일자문회의의 기관지 『통일시대』를 대상으로 선정하였다.

이러한 일간지와 학술지, 교양지에 기고한 자문위원들의 자료량이 빅데이터라 할 수 있을 정도로 방대하므로 웹 크롤링(web crawling), 웹 서칭 등의 방법을 통해 자료를 수집했으나 사안에 따라서는 의견을 피력한 데이터가 적은 현안도 있다. 구체적인 자료 추출 작업은 일간지의 경우 칼럼, 논설, 기사 등 기고문을 파이썬(python) 프로그램을 이용한 웹 크롤링 결과 약 3,000건에 이르는 사례를 추출하였으며, 학술지는 한국 학술지 인용 웹사이트(https://www.kci.go.kr) 논문 검색을 통해 추출한 60여 건의 논문을 대상으로 하였다. 또한 『통일시대』의 경우 민주평화통일자문회의 웹사이트에서 연구 기간에 해당하는 117건의 자료를 추출하였다. 이와 같은 방법으로 추출된 자료에서 분명한 의견과 논거가 제시되지 않는 경우와 아울러 자문위원들의 논지에 대한 평가는 가급적 표기하지 않았으며 저자의 판단에 따랐음을 밝힌다. 그리고 역대 대통령 취임식 관련 사진은 대통령기록관의 취임식 사진을 사용하였음을 밝혀둔다.

본서는 모두 제10장으로 구성되어 있다.

제1장은 노태우 정부의 북방정책, 남북기본합의서, 비핵화 공동선언으로 구분하였다.

제2장은 김영삼 정부의 북한 핵확산금지조약(NPT) 탈퇴, 김일성 사망과 조문 파동, 북 · 미 제네바 합의와 경수로 건설로 구분하였다.

제3장은 김대중 정부의 남북 정상회담, 6 · 15 공동선언, 월드컵과 연평해전으로 구분하였다.

제4장은 노무현 정부의 북핵과 6자회담, 대북 송금과 특검, 남북 정상회담으로 구분하였다.

제5장은 이명박 정부의 금강산 관광객 피살, 천안함 폭침과 연평도 포격, 개성공단 사업중단으로 구분하였다.

제6장은 박근혜 정부의 사드 배치, 지소미아 체결, 개성공단 폐쇄로 구분하였다.

제7장은 문재인 정부의 남북공동사무소 폭파, 남북정상회담과 9·19 남북군사합의, 종전선언으로 구분하였다.

제8장은 보론으로 윤석열 정부의 한미정상회담과 한미일 공조 그리고 트럼프 등장, 9·19남북군사합의 파기와 북한의 적대적 2국가론, 한일 정상회담과 과거사 문제 그리고 북러 군사동맹 등을 제1장에서 제9장과는 달리 다루었다.

제9장은 부록으로 역대 정부의 공통적인 안보 이슈, 유엔 북한인권결의안, 북한 핵실험, 한미 안보협력을 다루었다.

본서가 나오기까지 아낌없는 지도와 조언을 해준 분들께 감사드리며, 또한 이 책이 나오는 데에는 방대한 자료의 수집과 집계가 필요했고 그 과정에서 많은 수고와 도움을 준 동료 제위께 감사를 표한다. 특히 집필하는 과정에서 여러 어려움이 있었지만, 그때마다 필자의 최고 스승이셨던 어머님의 모습을 떠올리며 이 책을 완성할 수 있었다.

하지만 본서는 여전히 부족한 부분이 많다고 생각하여 책을 내야 할지 말지 오랜 망설임 끝에 출간을 결심하게 되었다. 비록 부족한 점이 적지 않은 졸저(拙著)이지만, 본서를 통해 어떤 정부를 막론하고 합리적 안보 정책을 선택하는데 하나의 준거 기준과 방향 제시에 자그마한 보탬이 되었으면 하는 바람이다.

끝으로 본서의 출간을 맡아준 도서출판 삼영사의 고성익 사장님을 비롯하여 관계자분들께 감사를 드린다.

2025년 4월

전 지 명

차례

차례

차례

차례

제 1 장

노태우 정부

제1장 노태우 정부

노태우 정부는 최초로 국민 직선제로 선출된 정부로서 이른바 '제6공화국'으로 불리우는 시대를 열었다. 노태우 대통령의 재임 기간은 1988년 2월~1993년 2월로서 1980년대에서 1990년대로 넘어가는 과도기였다. 국내 정치사에서 군사정권이 민주 정부로 교체되었고, 세계 정치사에서는 동구 사회주의권의 붕괴, 냉전 구도의 해체 등 커다란 역사적 변화가 일어났던 시대라고 할 수 있다.

그러한 시대사적 흐름 속에서 노태우 정부는 전두환 정부와는 달리 최초의 직선제 대통령이자 눈부신 경제 성장과 서울올림픽 개최를 성공적으로 이룩한 자신감을 토대로 전향적인 외교·안보 정책을 추진할 수 있었다. 정부 초기부터 추진된 북방정책으로 주도적인 입장을 갖게 되었으며, 북핵 문제 및 남북 관계도 전환의 기회를 맞게 되었다. 남북기본합의서 합의와 비핵화공동선언 채택(1991년)이 대표적인 사례로서, 이들은 한국의 안보 상황에도 지대한 영향을 미쳤던 역사적 사건들이다.

1 북방정책

개황

1980년대 말 탈냉전의 흐름에 편승하여 노태우 정부는 북방정책을 통해 소련과 국교를 정상화한 이후 중국, 그리고 동구 사회주의권 국가들과 외교 관계 정상화를 적극적으로 추진하였다. 북방정책은 한미 동맹을 우선한 통일 외교 정책과 대북정책을 아우르는 개념이다. 북방정책으로 공산권 국가들과의 수교를 통해서 남북 관계를 정상화하고 통일 환경을 개선하는 데 활용되었으며 1988년 서울올림픽을 전후로 가시화되었다. 이러한 북방정책에 대한 자문위원들의 안보정향을 긍정론, 부정론, 그리고 신중론으로 나누어 평가하였다.

긍정론은 북방정책이 남북한 관계 및 통일 환경 개선에 긍정적인 영향을 끼친다고 평가하는 입장이다. 부정론은 북방정책이 남북한 관계 및 통일 환경 개선에 부정적인 영향을 끼친다고 평가하는 입장이다. 신중론은 긍정론과 부정론 사이에서 중립적인 입장을 취하거나 세부 이슈에 따라 의견을 제시하는 입장으로 〈표 1-1〉과 같다.

〈표 1-1〉 북방정책에 대한 평가

필자	일자	논지	자료 종류
이상우	1988. 02.05.	- 최근 세계 정세가 급격하게 변함에 따라 한국에서도 대외정책 전환을 시도하고 있지만, 북한의 동맹국인 공산 국가들은 한국과 가깝게 지낼 수 없는 국가임. - 공존공영의 길로 나가야 하지만 서로 이념을 달리하고 있음을 전제해야 함. 중공 및 소련과의 관계 개선을 위해 중화민국 및 미국과의 관계에 부정적 영향을 미쳐서는 안 됨. https://newslibrary.naver.com/viewer/index.naver?articleId=1988020500239105016&editNo=1&printCount=1&publishDate=1988-02-05&officeId=00023&pageNo=5&printNo=20565&publishType=00010	조선 일보 링크
김세원	1988. 04.02.	- 사회주의 국가와의 무역이나 경제거래 확대에 있어 한반도 내 정치 군사 상황의 개선을 같이 고려해야 할 것임. - 사회주의권 국가들과의 경제거래 전에 충분히 검토해야 하며 큰 기대나 환상을 가져서는 안됨. 북방정책의 정치와 경제적 측면 그리고 명분과 실리를 신중히 따져보고 행동해야 함.	동아 일보 링크

		https://newslibrary.naver.com/viewer/index.naver?articleId=1988040200209205002&editNo=2&printCount=1&publishDate=1988-04-02&officeId=00020&pageNo=5&printNo=20461&publishType=00020	
정종욱	1988. 09.30.	– 한국의 북방외교가 활발히 진행되고 있는 것은 동서 간 체제공존이 가능하기 때문임. 체제공존이 가능하려면 체제 내부의 상호의존을 먼저 구축해야 하고, 이것은 군사적 협력을 기본조건으로 함. 한국은 북방외교를 적극적으로 추진하여 남북 관계에 새로운 돌파구를 찾아야 함. https://newslibrary.naver.com/viewer/index.naver?articleId=1988093000209205001&editNo=2&printCount=1&publishDate=1988-09-30&officeId=00020&pageNo=5&printNo=20615&publishType=00020	동아일보 링크
김세원	1988. 10.07.	– 노태우 정부는 북방정책을 통해 북한과의 관계 개선을 이루고자 대북한 무역 조치를 발표하였음. 이번 조치의 실효성은 북한 측이 어떤 반응을 보이느냐에 따라 달라짐. – 현재 북한이 경제적 위기에 직면하여 정책적 전환을 시도할 가능성이 있으나 그 대상에 한국도 포함될지는 의문임. 남북 간의 경제교류는 점진적으로 발전될 수 있음을 인지해야 함. https://newslibrary.naver.com/viewer/index.naver?articleId=1988100700209205005&editNo=2&printCount=1&publishDate=1988-10-07&officeId=00020&pageNo=5&printNo=20622&publishType=00020	동아일보 링크
안병준	1988. 10.16.	– 한국의 북방정책은 대북정책과 연계되어 있으며, 그 목적은 동구 사회주의권 국가들이 북한에 영향력을 행사해 한반도에 평화를 유지하는 것임. 북방정책은 대북정책과 조화를 이루면서 조심스럽게 추진해야 성과를 거둘 수 있음.	조선일보 링크

		https://newslibrary.naver.com/viewer/index.naver?articleId=1988101600239104004&editNo=1&printCount=1&publishDate=1988-10-16&officeId=00023&pageNo=4&printNo=20782&publishType=00010	
이상우	1988. 10.25.	– 북방정책의 핵심은 북한과의 관계 개선 및 통일 환경 조성임. 공산국가와의 경제교류에서 얻는 이득은 부차적인 목표임. 또한 북방외교는 한미 동맹 관계를 바탕으로 했을 때만 가능하다는 현실을 간과해서는 안 됨. https://newslibrary.naver.com/viewer/index.naver?articleId=1988102500239105010&editNo=1&printCount=1&publishDate=1988-10-25&officeId=00023&pageNo=5&printNo=20789&publishType=00010	조선일보 링크
유석열	1988. 10.25.	– 북방외교는 한반도의 평화통일 환경을 우회적으로 조성하는 정책임. 북방정책을 추진하면서 사회주의 국가들과의 관계가 빠른 속도로 개선되고 있음. 북방외교는 한반도의 평화 및 통일문제를 남북한 당사자끼리 직접 합의할 수 있는 여건을 마련하는데 영향을 미칠 것임. https://newslibrary.naver.com/viewer/index.naver?articleId=1988102500239107006&editNo=1&printCount=1&publishDate=1988-10-25&officeId=00023&pageNo=7&printNo=20789&publishType=00010	조선일보 링크
안병준	1989. 01.31.	– 북방정책은 장기적인 차원에서 상당한 잠재력을 갖고 있으나 단기적으로 큰 성과를 거두는 데는 많은 제약이 있음. 현재 실시되고 있는 북방정책은 파편화, 개인화, 정치화를 심화시키고 있다는 인상을 주고 있음. 북방정책의 결정과 집행과정의 제도화가 필요하며 비정치화되어 초당적으로 재정비되어야 함.	동아일보 링크

		https://newslibrary.naver.com/viewer/index.naver?articleId=1989013100209205003&editNo=2&printCount=1&publishDate=1989-01-31&officeId=00020&pageNo=5&printNo=20719&publishType=00020	
서진영	1989. 08.07.	– 북방정책의 핵심인 대북 관계 개선과 통일문제에 있어서 혼란과 불안이 가중되고 있음. – 최근 노태우 정부는 북방정책의 방향과 목적을 변형하여 정책의 범위를 사회주의 국가와의 관계로만 축소 해석하고 있음. 대북 관계와 통일정책을 북방정책에서 분리하는 시도가 아닌, 새로운 정책을 제시하려는 노력이 필요함. https://newslibrary.naver.com/viewer/index.naver?articleId=1989080700329205004&editNo=3&printCount=1&publishDate=1989-08-07&officeId=00032&pageNo=5&printNo=13497&publishType=00020	경향 신문 링크
안병준	1990. 04.21.	– 노태우 정부의 북방정책의 성과는, 첫째, 공산국가들이 한국을 법적으로 승인. 둘째, 공산국가와의 외교 관계를 통해 남북 관계 개선 및 긴장 완화에 기여. 셋째, 공산 국가와의 경제교류 확대로 한국 경제 성장에 도움. – 다만 북방정책은 미국과의 협력과 더불어 북한에 대한 통일정책과 연계지어 추진해야 함. https://www.bigkinds.or.kr/v2/news/newsDetailView.do?newsId=01100901.19900421183524002	중앙 일보 링크
안병준	1990. 06.01.	– 한 · 소 정상회담 개최로 소련이 한국과의 관계 정상화를 적극적으로 추진하고 있음. 이는 한국 정부의 북방정책 성과로 볼 수 있음. https://www.bigkinds.or.kr/v2/news/newsDetailView.do?newsId=01100101.19900601000000302	경향 신문 링크

한승주	1998. 07.27.	– 북방정책은 한국의 경제력을 활용하여 북한과의 외교적 대칭성을 깨뜨리려는 의도를 가지고 있었음. 북방정책의 목적은 북한이 미국, 일본과 관계 개선을 하기 전에 한국이 먼저 소련, 중국과 외교 관계를 맺음으로써 북한을 견제하고 정보를 얻어내는 것이었음. https://www.bigkinds.or.kr/v2/news/newsDetailView.do?newsId=01100901.19980727024641003	중앙 일보 링크

요약

노태우 정부의 북방정책에 관한 평가는 신중한 긍정론이 다소 많았다. 총 12건의 글 중에서 긍정론이 2건, 신중한 긍정론이 5건, 신중론이 3건, 신중한 부정론이 1건으로 나타났다. 그리고 후일 신중론 1건이 있었다. 신중한 긍정론은 대체로 북방정책 추진 결과 사회주의권 국가들과의 수교 등 외교 관계가 성립과 경제교류 진전 등을 성과로 꼽았다. 하지만 동시에 남북 관계와 통일정책에서도 진전이 있어야 한다는 점에서 신중한 입장을 보이기도 했다.

반면 신중론과 신중한 부정론은 북방정책 추진에 있어서 미국 등 동맹 외교와 안보 환경의 개선 등을 보다 강조했다. 한편 〈표 1-1〉에 나타나 있듯이 노태우 정부 이후 김대중 정부 시절 북방정책에 관한 자문위원들의 평가는 1건으로서 신중론의 입장을 보였다. 한승주는 북방정책은 사실 한국의 경제력을 활용하여 북한과의 외교적 대칭성을 깨뜨리려는 의도를 갖고 있었다고 평가했다.

2 남북기본합의서

◇ 개황

남북기본합의서는 1991년 12월 13일 남북고위급회담 제5차 회담에서 남북한의 총리가 합의한 문건이다. 1972년 7.4 남북공동성명 이후 19년 만에 남북한의 공식 대표가 서명한 합의이며 남북한 평화공존의 준거 틀을 제시했다는 것에서 역사적 의의를 가진다. 남북기본합의서는 이후 남북 관계에 큰 영향을 미쳤으나 실행 과정에서 부침을 겪었다. 남북기본합의서와 관련된 평가는 〈표 1-2〉와 같다.

긍정론은 남북기본합의서가 남북 관계와 한반도 평화공존에 긍정적인 영향을 미친다고 평가하는 입장이다. 부정론은 남북기본합의서가 남북 관계와 한반도 평화공존에 부정적인 영향을 미친다고 평가하는 입장이다. 신중론은 긍정론과 부정론 사이에서 중립적인 입장을 취하거나 세부 이슈에 따라 신중한 의견을 제시하는 입장이다.

〈표 1-2〉 남북기본합의서에 대한 평가

필자	일자	논지	자료 종류
안병준	1992. 02.22.	– 제6차 남북고위급회담에서 남북한의 총리들이 남북기본합의서를 발효함. 이 합의를 발효시킨 것 그 자체가 의의 있는 일임. 남북 화해를 위해 합의가 실천적 행동으로 나타날 때까지 경각심을 갖고 지켜봐야 함. 투명한 행동이 보여진다면 남북 간 신뢰가 회복될 것임. https://www.bigkinds.or.kr/v2/news/newsDetailView.do?newsId=01100901.19920222082713002	중앙일보 링크
김남식	1993. 05.28.	– 북한에서 남북기본합의서와 비핵화공동선언의 실천을 위한 전향적 돌파구가 될 수 있는 특사교환을 제안함. – 김영삼 정부는 이미 합의된 남북기본합의서를 효과적으로 실행하기 위한 방안을 남북한 간의 직접적인 대화를 통해 추진해 나가야 함. https://www.bigkinds.or.kr/v2/news/newsDetailView.do?newsId=01101001.19930528000001001	한겨레 신문 링크
김남식	1994. 09.14.	– 북 · 미 간 관계 정상화로 상호신뢰가 구축되고 기본합의서와 비핵화 공동선언을 성실히 수행함으로써 정전 상태를 평화 상태로 전환할 수 있음. https://www.bigkinds.or.kr/v2/news/newsDetailView.do?newsId=01101001.19940914000000501	한겨레 신문 링크
김재홍	1999. 12.13.	– 남북기본합의서는 화해와 교류 협력에 관한 기본법으로 9개의 부속합의서라는 완벽한 실천 세칙까지 갖추었음. 김대중 정부의 포용 정책은 기본합의서의 극히 일부분의 실천이므로 그 실천을 넓혀가야 할 것임.	동아일보 링크

		https://www.bigkinds.or.kr/v2/news/newsDetailView.do?newsId=01100401.19991213103730007	
이종석	2000. 01.01.	– 남북기본합의서는 한반도에 남과 북 두 체제가 존재한다는 현실을 인정하고 그 바탕 위에서 화해와 통일의 경로를 밝힌 합의서임. 남북의 상이한 입장을 고려하여 실천이 용이하고 상호 필요성에 공감하는 분야부터 부분적으로나마 기본합의서를 이행하여야 함. https://www.bigkinds.or.kr/v2/news/newsDetailView.do?newsId=01100101.20000101000001101	경향 신문 링크
이종석	2000. 06.01.	– 남북 정상회담에서 남북기본합의서 체제 복원을 합의해야 함. 남북대화를 제도화하고 한반도에 평화를 정착하기 위해서 기본합의서 이행은 필수적임. https://www.bigkinds.or.kr/v2/news/newsDetailView.do?newsId=01100101.20000601000000401	경향 신문 링크
김근식	2001. 05.08.	– 남북한이 한반도 평화와 관련하여 합의할 수 있는 내용이 이미 기본합의서에 담겨 있으므로 일부 불가침조항 등을 활용할 수 있음. 다만 남북한의 평화 선언을 포기하면서 굳이 기본합의서 내용을 전부 복원할 필요는 없음. https://www.bigkinds.or.kr/v2/news/newsDetailView.do?newsId=01101001.20010508000001102	한겨레 신문 링크
정규섭	2002.	– 현재 사문화된 남북기본합의서와 부속합의서에 근거한 단계별 이행 전략을 구체화하는 것이 바람직함. 이는 남북 관계가 정치 군사 분야와 교류 협력 사이에서 균형을 이룰 수 있도록 도와줄 것임.	통일정책 연구링크

		https://www.kci.go.kr/kciportal/ci/sereArticleSearch/ciSereArtiView.kci?sereArticleSearchBean.artiId=ART000985627	
정규섭	2011.	– 남북기본합의서는 화해 · 불가침 · 교류 협력이라는 남북 관계 전반을 포괄한 체계적인 합의서임. 남북기본합의서의 이행은 남북 관계의 실질적 진전을 가져올 수 있으므로, 현 정부는 남북 관계의 기본 틀을 남북기본합의서로 환원해야 함. https://www.kci.go.kr/kciportal/ci/sereArticleSearch/ciSereArtiView.kci?sereArticleSearchBean.artiId=ART001572715	통일정책연구링크

요약

노태우 정부 이후 남북기본합의서에 관한 자문위원들의 안보정향은 전반적으로 긍정론에 가까웠다. 총 9건의 글 중에서 긍정론이 4건, 신중한 긍정론이 4건, 신중론이 1건으로 나타났다. 전문가들은 남북기본합의서가 정치, 군사, 상호문화 협력을 포괄하며 실천 세칙까지 갖추었다고 긍정적으로 평가했다. 안병준은 남북기본합의서 발표 자체가 의미가 있고 이를 행동으로 옮기는 것이 중요하다고 강조했다. 정규섭의 경우 200년 이후에도 남북기본합의서의 이행을 강조했다.

남북기본합의서

제1장 남북 화해

제1조 남과 북은 서로 상대방의 체제를 인정하고 존중한다.

제2조 남과 북은 상대방의 내부문제에 간섭하지 아니한다.

제3조 남과 북은 상대방에 대한 비방 · 중상을 하지 아니한다.

제4조 남과 북은 상대방을 파괴 · 전복하려는 일체 행위를 하지 아니한다.

제5조 남과 북은 현 정전 상태를 남북 사이의 공고한 평화상태로 전환시키기 위하여 공동으로 노력하며 이러한 평화상태가 이룩될 때까지 현 군사 정전협정을 준수한다.

제6조 남과 북은 국제무대에서 대결과 경쟁을 중지하고 서로 협력하며 민족의 존엄과 이익을 위하여 공동으로 노력한다.

제7조 남과 북은 서로의 긴밀한 연락과 협의를 위하여 이 합의서 발효 후 3개월 안에 판문점에 남북연락사무소를 설치 · 운영한다.

제8조 남과 북은 이 합의서 발효 후 1개월 안에 본회담 테두리 안에서 남북 정치 분과 위원회를 구성하여 남북화해에 관한 합의의 이행과 준수를 위한 구체적 대책을 협의한다.

제2장 남북 불가침

제9조 남과 북은 상대방에 대하여 무력을 사용하지 않으며 상대방을 무력으로 침략하지 아니한다.

제10조 남과 북은 의견대립과 분쟁문제들을 대화와 협상을 통하여 평화적으로 해결한다.

제11조 남과 북의 불가침 경계선과 구역은 1953년 7월 27일자 군사정전에 관한 협정에 규정된 군사분계선과 지금까지 쌍방이 관할하여 온 구역으로 한다.

제12조 남과 북은 불가침의 이행과 보장을 위하여 이 합의서 발효 후 3개월 안에 남북 군사 공동위원회를 구성 · 운영한다. 남북군사 공동위원회에서는 대규모 부대이동과 군사 연습의 통보 및 통제문제, 비무장지대의 평화적 이용문제, 군 인사 교류 및 정보교환 문제, 대량살상무기와 공격능

력의 제거를 비롯한 단계적 군축 실현문제, 검증문제 등 군사적 신뢰조성과 군축을 실현하기 위한 문제를 협의 · 추진한다.

제13조 남과 북은 우발적인 무력충돌과 그 확대를 방지하기 위하여 쌍방 군사당국자 사이에 직통 전화를 설치 · 운영한다.

제14조 남과 북은 이 합의서 발효 후 1개월 안에 본회담 테두리 안에서 남북군사 분과위원회를 구성하여 불가침에 관한 합의의 이행과 준수 및 군사적 대결상태를 해소하기 위한 구체적 대책을 협의한다.

제3장 남북교류 · 협력

제15조 남과 북은 민족경제의 통일적이며 균형적인 발전과 민족전체의 복리향상을 도모하기 위하여 자원의 공동개발, 민족 내부 교류로서의 물자교류, 합작투자 등 경제교류와 협력을 실시한다.

제16조 남과 북은 과학 · 기술, 교육, 문화 · 예술, 보건, 체육, 환경과 신문, 라디오, 텔레비전 및 출판물을 비롯한 출판 · 보도 등 여러 분야에서 교류와 협력을 실시한다.

제17조 남과 북은 민족구성원들의 자유로운 왕래와 접촉을 실현한다.

제18조 남과 북은 흩어진 가족 · 친척들의 자유로운 서신거래와 왕래와 상봉 및 방문을 실시하고 자유의사에 의한 재결합을 실현하며, 기타 인도적으로 해결할 문제에 대한 대책을 강구한다.

제19조 남과 북은 끊어진 철도와 도로를 연결하고 해로, 항로를 개설한다.

제20조 남과 북은 우편과 전기통신교류에 필요한 시설을 설치 · 연결하며, 우편 · 전기통신 교류의 비밀을 보장한다.

제21조 남과 북은 국제무대에서 경제와 문화 등 여러 분야에서 서로 협력하며 대외에 공동으로 진출한다.

제22조 남과 북은 경제와 문화 등 각 분야의 교류와 협력을 실현하기 위한 합의의 이행을 위하여 이 합의서 발효 후 3개월 안에 남북 경제교류 · 협력 공동위원회를 비롯한 부문별 공동위원회들을 구성 · 운영한다.

제23조 남과 북은 이 합의서 발효 후 1개월 안에 본회담 테두리 안에서 남북교류 · 협력분과 위원회를 구성하여 남북교류 · 협력에 관한 합의의 이행과

준수를 위한 구체적 대책을 협의한다.

제4장 수정 및 발효

제24조 이 합의서는 쌍방의 합의에 의하여 수정 · 보충할 수 있다.

제25조 이 합의서는 남과 북이 각기 발효에 필요한 절차를 거쳐 그 문본을 서로 교환한 날부터 효력을 발생한다.

3 비핵화공동선언

개황

1991년 12월, 남북한은 한반도 핵 문제를 협의하기 위해 세 차례의 고위급회담을 개최하였다. 남북한은 핵무장의 포기를 규정한 한반도에 항구적인 평화를 가져오기 위한 조치로 남북기본합의서와 한반도 비핵화 공동선언을 채택하였다. 그러나 북한이 비핵화 공동선언에 따른 핵 사찰 요구를 거부하고 1993년 3월 핵비확산조약(NPT)을 탈퇴하며 1차 핵 위기가 발생하였다. 한반도 비핵화 공동선언은 비핵화에 관한 포괄적인 조항으로 구성되어 있으며 핵 문제 해결을 위한 중요한 준거로 작용하였다. 비핵화 공동선언 관련 자문위원들의 평가는 표 〈1-3〉과 같다.

대체로 비핵화 공동선언이 한반도 평화공존에 긍정적인 영향을 끼친다고 평가하는 긍정적인 입장과 북방정책이 한반도 평화공존에 부정적인 영향을 끼친다고 평가하는 부정적인 입장으로 구분된다. 신중론은 긍정론과 부정론 사이에서 중립적인 입장을 취하거나 세부 이슈에 따라 신중한 의견을 제시하는 입장이다.

〈표 1-3〉 비핵화 공동선언에 대한 평가

필자	일자	논지	자료 종류
안병준	1992. 02.22.	- 第6차 남북고위급회담에서 남북한의 총리들이 한반도 비핵화 공동선언을 발효함. 이 합의를 발효시킨 것 그 자체가 의의 있는 일임. 한미가 북한의 요구를 전부 수용했음에도 불구하고 북한 핵에 대한 현장사찰 및 검증이 지연되고 있음. 남북한 공동선언이 제대로 이행되려면 북한에서 실천 의지와 행동을 보여줘야 하고, 북한이 이를 증명할 때까지 기다려야 함. https://www.bigkinds.or.kr/v2/news/newsDetailView.do?newsId=01100901.19920222082713002	중앙 일보 링크
이장춘	1993. 03.15.	- 비핵화 공동선언은 포괄적인 목록만 담고 있는 공허한 합의에 불과하다는 비판을 받아왔음. 비핵화 공동선언 내에 사찰 대상을 명시하지 못하고 장차 합의에 맡김으로써 애초에 상호사찰이 이루어질 가능성은 사실상 없었음. https://www.bigkinds.or.kr/v2/news/newsDetailView.do?newsId=01100901.19930315154333001	중앙 일보 링크
김태우	2005. 08.29.	- 1992년 비핵화 공동선언에 따라 한국은 핵농축과 재처리까지 포기하였음. 이는 한국의 평화적 핵 이용권까지 잠식하는 결과를 낳았음. 현재 북한이 핵 보유를 선언하고 재처리 공장을 재가동하면서 사문화시킨 공동선언을 왜 한국만 지켜야 하는지 생각해 볼 문제임. https://www.bigkinds.or.kr/v2/news/newsDetailView.do?newsId=01100901.20050829202821001	중앙 일보 링크

윤덕민	2008. 10.15.	– 1992년 한반도 비핵화 공동선언의 합의문에는 '일방이 정하고 쌍방이 합의하는' 대상에 대해 사찰한다는 내용이 포함되어 있음. 이는 북한의 동의 없이는 어떤 대상도 사찰할 수 없음을 의미함. 북한의 동의 없이 사찰할 수 없다면 과정의 투명성이 보장되지 않는 것이나 다름없음. https://www.chosun.com/site/data/html_dir/2008/10/15/2008101501486.html	조선일보 링크
전성훈	2018. 07.12.	– 1990년대 초 북한은 국제사회의 핵 개발 포기 압박에 직면하였음. 이런 압박을 타개하기 위해 한미의 '비핵화' 용어를 수용하고 한국의 의견이 대부분 반영된 비핵화 공동선언의 합의였음. 북한은 국제사회의 압박으로 위기에 봉착할 때마다 국면 전환용 '합의'로 위기를 모면하면서도 핵 개발을 일관적으로 진행해 왔음. https://bemil.chosun.com/nbrd/bbs/view.html?b_bbs_id=10158&num=5362	조선일보 링크

요약

한반도 비핵화 공동선언을 합의한 노태우 정부 당시에 자문위원의 안보정향은 신중한 긍정론이 1건 제기되었다. 그 논지는 공동선언 발효를 긍정 평가하면서도 북한이 비핵화 검증에 대한 실천 의지와 행동을 보여줄 때까지 기다려야 한다고 주장했다.

노태우 정부 이후 한반도 비핵화 공동선언에 관한 자문위원들의 전반적인 안보정향은 부정론에 가까웠다. 총 4건의 글 중에서 신중한 부정론이 1건, 부정론이 3건으로 나타났다. 부정론자들은 한반도 비핵화 공동선언에서 합의한 핵사찰 대상의 선정 방법에 문제(북한이 사찰 대상에 합의해야 함)가 있으며 동 선언으로 인해 남한의 평화적 핵 이용권까지 제한받는 등 공동선언의 한계에 대해 지적했다.

노태우 정부 총평

위에서 살펴본 노태우 정부의 정책과 관련된 전문가들의 안보정향은 비핵화 공동선언을 제외하고는 전체적으로 긍정론의 논조가 다소 강했다. 한국의 북방정책과 관련해서 사회주의권과의 수교와 교류 진전, 남북 관계 진전 가능성 등을 이유로 신중한 긍정론 혹은 긍정론이 가장 빈번하게 나타났다. 남북기본합의서의 경우 그것의 합의 및 발효가 남북 관계에 미치는 영향을 긍정적으로 평가하면서도 그것의 이행을 강조하는 신중한 입장도 나타났다. 따라서 탈냉전의 흐름 속에서 한·소 수교 등의 북방정책과 남북기본합의서는 노태우 정부가 추구한 전향적인 외교·안보정책의 긍정적인 성과로 평가될 수 있다.

두 이슈와 달리 비핵화 공동선언 채택은 자문위원들의 부정적인 안보정향이 비교적 빈번히 드러났다. 자문위원들은 대체로 핵 사찰 대상 선정 등 비핵화 공동선언의 이행과 관련된 한계 및 우려 사항을 근거로 공동선언의 채택을 부정적으로 평가하는 의견이 많았다. 주목할 점은 남북기본합의서와 다르게 비핵화 공동선언은 북한의 불변하는 태도 때문에 성공적인 이행 가능성이 낮다고 평가된 점이다.

제2장

김영삼 정부

제2장 김영삼 정부

김영삼 정부는 1993년 2월~1998년 2월 동안 유지되었으며 별칭은 문민정부(文民政府)이다. 군인 출신이 아닌 일반 국민이 수립한 정부라는 뜻으로 기존의 군사 출신 정권과의 차별성을 부각시키고자 했다. 김영삼 정부 기간에 국내에서는 군사정권의 종식과 역사적 심판을 추구했으며 세계적으로는 소련의 해체 이후 미국에게 패권이 집중되던 시기였다. 이러한 상황에서 김영삼 정부는 문민정부로서 개혁적인 정치를 펼쳤는데, 대북정책에서는 여러 난제 속에서 부침을 겪었다.

1993년 북한은 핵확산금지조약(NPT)을 탈퇴하고 1차 북핵 위기가 발생하는 등 한국의 안보 상황은 녹록지 않았다. 북측의 '서울 불바다' 발언이 나오고 북·미관계는 극한으로 악화하였지만, 카터 전 미국 대통령의 방북을 계기로 북핵 문제는 극적으로 전환되었다. 1994년 남북 정상회담을 위한 예비 접촉이 이루어졌고 이후 북핵 문제 해결을 위한 제네바합의가 타결되었던 것이다(1994년 10월). 하지만 1994년 7월 갑작스러운 김일성의 사망으로 남북 정상회담이 무산되었고, 국내에서는 김 주석 사망에 대한 '조문 파동'으로 인해 남북 관계는 다시 냉각되었다. 이 과정에서 통일부, 외교부 자문위원들의 안보정향은 다양하게 표출되었다.

1 북한 핵확산금지조약(NPT) 탈퇴

개황

1993년 3월 북한의 핵확산금지조약(NPT) 탈퇴와 핵시설에 대한 의혹으로 1차 북핵 위기가 발생한 바 있다. 그 과정에서 북한의 NPT 탈퇴와 북핵 문제 해결 전망, 한국의 안보 상황에 대한 평가에 기반해 전문가들의 안보정향은 북의 NPT 탈퇴에도 불구하고 협상을 통한 북핵 문제 해결이 낙관적이라고 평가하며 한국의 안보 상황을 긍정적으로 예측하는 그룹이 있다. 반면 부정적인 입장에서 북한의 핵무기 개발 의도는 변하지 않으며 한국의 안보 상황을 악화시킬 것이라는 등 부정적 시나리오를 예측한다. 미온적 입장은 긍정론과 부정론 사이의 미온적인, 혹은 중도적인 입장이다.

자문위원들의 안보정향을 북의 NPT 탈퇴가 일어난 김영삼 정부 시기 〈표 2-1〉와 사후 시기 〈표 2-2〉를 구분해 정리했다.

〈표 2-1〉 김영삼 정부시기 NPT 탈퇴와 제네바 합의 평가

필자	일자	논지	자료 종류
이장춘	1993. 03.15.	- 북한의 NPT 탈퇴 결정으로 지난 4년 동안 IAEA가 중심이 되어 북 핵무기 개발을 저지하기 위한 국제적 노력은 막다른 길로 들어섰으며, 남북한 상호핵사찰은 하나의 소극에 불과하였음. https://www.joongang.co.kr/article/2794165#home	중앙 일보 링크
전성훈	1993. 03.17.	- 북한의 핵금조약 탈퇴 의도는 ① 국제사회 고립 심화를 무릅쓰고 체제 수호를 위한 최후 수단으로 핵무기 개발강행 결정, ② 대미협상 마지막 카드로 이용하기 위함. - 한국, 타협가능한 핵 사찰안 제시 필요. https://www.bigkinds.or.kr/v2/news/newsDetailView.do?newsId=01101001.19930317000000302	한겨레 신문 링크
연하청	1993. 05.04.	- 북의 NPT 탈퇴의 목적은 단순한 내부 결속만이 아니라 힘의 우위를 통한 생존전략임. 최근 경제난 등 난관을 돌파하기 위한 방편임. - 앞으로 북한은 중국 · 미국 · 일본 · 한국과의 개별협상을 통해 최대한 반대급부를 확보하려고 할 것. 즉 북한은 IAEA의 특별핵사찰 허용에 따르는 일방적인 굴복보다는 실리와 명분을 동시에 추구할 것.	경향 신문 링크

		https://www.bigkinds.or.kr/v2/news/newsDetailView.do?newsId=01100101.19930504000000603	
전성훈	1993. 07.21.	– 북 · 미 핵사찰 합의로 북은 원자로(경수로) 건설지원을 요청함. 북 · 미회담이 긍정적인 결과를 도출하리라는 것은 이미 예견되었으며, 북한은 NPT 탈퇴를 선언하면서 미국과의 협상에 의한 문제 해결을 집요하게 주장해 옴. 즉 핵 문제를 대미협상의 카드로 활용하고 있음. https://www.bigkinds.or.kr/v2/news/newsDetailView.do?newsId=01100101.19930721000000503	경향 신문 링크
하용출	1994. 01.03.	– 북한 핵 문제는 현 단계에서 이미 한 고비를 넘기고 해결의 중간 단계쯤 와 있는 것 같음. 북한은 미국으로부터 군사적, 경제적 양보 제스처와 명분을 살리는 외교 방식을 통해 핵사찰, NPT 복귀 문제를 해결할 것으로 보임. https://www.joongang.co.kr/article/2848010#home	중앙 일보 링크
하용출	1994. 03.03.	– 북한 핵확산금지조약(NPT) 탈퇴 선언 이후 '핵 문제의 해결 없이는 남북대화 불가' 입장이 일단 완화되었다는 점에서 상황은 분명히 바뀜. – 그러나 이런 새로운 상황이 곧바로 남북한 관계의 발전으로 이어져갈 수 있으리라는 가정은 단순한 발상임. '지금까지'의 핵 외교와 '지금부터'의 남북 관계 발전 전략은 서로 분리되어 새로운 전략 아래서 이루어져야 함. https://www.bigkinds.or.kr/v2/news/newsDetailView.do?newsId=01101001.19940303000000203	한겨레 신문 링크

전성훈	1994. 10.27.	- 북한을 자극하지 않는 절충된 특별사찰 방안 합의 성과 - 주요 합의 내용: ① 2곳 미신고시설 주변에 대한 환경 시료 채취·분석해 간접적으로 미신고시설 내부 상태 파악, ② 원자력기구 정상적 특별사찰 후 공개하지 않고 북한과 원자력기구 비밀사항, ③ 남북한 상호사찰과 연계해 실시. https://www.bigkinds.or.kr/v2/news/newsDetailView.do?newsId=01101001.19941027000000501	한겨레 신문 링크

요약

김영삼 정부 시기 북의 핵확산금지조약(NPT) 탈퇴와 관련된 자문위원들의 안보정향은 신중론이 다소 우세했다. 총 7건의 기사 중에서 긍정론이 1건, 신중한 긍정론이 1건, 신중론이 4건, 부정론이 1건으로 나타났다. 북이 NPT를 탈퇴한 상황임에도 불구하고 북·미 핵 협상이 진전되거나 타결될 가능성에 대한 기대가 존재했던 것으로 판단된다. 1건의 부정론(이장춘)도 북핵 협상 전체를 비관적으로 평가하기보다는 남북한의 핵 협상을 비판한 성격이 짙다.

〈표 2-2〉 김영삼 정부 이후 NPT 탈퇴 평가

필자	일자	논지	자료 종류
김근식	2001. 03.26. (사후 평가)	- 1994년 북핵 문제를 둘러싼 긴장 상황에서 김대중 씨가 미국을 방문하여 대북 특사 파견을 주장했고 곧이어 카터 전 대통령이 북한을 방문하여 극적인 타결을 얻어냈던 점을 긍정 평가. https://www.bigkinds.or.kr/v2/news/newsDetailView.do?newsId=01101001.20010326000000601	한겨레 신문 링크
정욱식	2013. 02.04.	- 20년 전, 북이 NPT에서 탈퇴해 한반도 핵 위기가 본격적으로 대두됨. - '북한의 장거리 로켓 발사 → 유엔 안전보장이사회의 대북 결의 → 북한의 반발 및 3차 핵실험 움직임'의 악순환이 계속되는 중. https://www.bigkinds.or.kr/v2/news/newsDetailView.do?newsId=01100101.20130204100000023	경향 신문 링크
이춘근	2018. 10.05.	- 과거 북이 NPT(핵확산금지조약)에 가입했음에도 불구하고 핵시설 보고 임무를 충실히 하지 않고 사찰단도 받아들이지 않으며 국제사회 약속을 어김. http://weekly.chosun.com/news/articleView.html?idxno=13538	조선 일보 링크

김영삼 정부 이후 1993년 북의 핵확산금지조약(NPT) 탈퇴와 관련해 부정적인 평가가 많았다. 2건의 부정론은 NPT 탈퇴에 이어 한반도의 핵 위기(1차 북핵 위기)가 시작되었다는 주장이다. 1건의 긍정론(김근식)도 1차 북핵 위기가 타결되었지만, 당시 북핵 위기의 심각성을 인식하고 있었다.

2 김일성 주석 사망과 조문 파동

가. 김일성 주석 사망

◇ 개황

북한이 1993년 NPT 탈퇴 이후 경색된 남북 관계에서 1994년 6월 지미 카터 미국 대통령의 방북으로 북한 문제의 해결 실마리가 보이면서 김영삼 대통령과 김일성 북한 주석 간에 남북정상회담이 예정돼 있었다. 이러한 상황에서 1994년 7월 8일 김일성 주석의 사망으로 인해 김정일 후계 문제와 급변 사태 발생 가능성 등 체제 안정성의 문제가 이슈가 되었고 많은 주장이 제기되었다. 이러한 북한 체제 안정성과 관련된 문제에 대한 자문위원들의 안보정향을 검토하였다.

첫째로 김 주석의 사망에도 불구하고 북한의 후계체제 혹은 체제 안정성이 안정적이라고 평가하는 입장이다. 둘째로 김 주석의 사망으로 북한의 후계체제 혹은 체제 안정성이 불안정해졌다고 평가하는 입장이다. 그리고 안정론과 불안정론 사이에서 신중을 기하거나 중도적인 주장을 하는 입장이다. 이러한 평가를 김 주석 사망 당시〈표 2-2〉와 김 주석 사후(1년 후)〈표 2-3〉 시기로 구분해 정리했다.

〈표 2-2〉 김일성 주석 사망 평가

필자	일자	논지	자료 종류
하용출	1994. 07.10.	- 김일성 사후 북한의 군 내부에서 쿠데타를 위한 연계 구축은 불가능하며 이는 단기적으로 김정일의 위상을 안전하게 할 수 있음. - 북한의 대외정책은 당분간 방어적이고 내부 지향적일 것임. 그것은 내부 문제의 수습이 중요하기 때문. https://www.bigkinds.or.kr/v2/news/newsDetailView.do?newsId=01100101.19940710000000502	경향 신문 링크
박영호	1994. 07.17.	- 김정일 정권의 대외정책은 김일성 정권의 틀과 노선으로부터 크게 벗어날 수 없을 것. - 김정일의 권력 기반은 취약하지 않지만, 부족한 카리스마를 경제적 업적, 즉 개혁개방을 통해 보완하려 할 것. https://www.bigkinds.or.kr/v2/news/newsDetailView.do?newsId=01100101.19940717000000402	경향 신문 링크
이종석	1994. 07.11.	- 김일성처럼 항일경력, 권력투쟁이 아닌 만 32살 나이로 김정일이 후계자가 된 제1 요인은 명백히 아버지의 후광임. - 그러나 대중은 아직 김일성 주석과 다르게 존경, 신뢰, 복종에서 현격하게 다른 태도를 보이고 있어 대중적 카리스마 구축 작업이 지금부터가 시작임. https://www.bigkinds.or.kr/v2/news/newsDetailView.do?newsId=01101001.19940711000000502	한겨레 신문 링크

김용호	1994. 07.11.	– 김일성 사후 김정일이 후계자가 될 가능성이 높지만, 김정일 체제는 장기 집권할 가능성은 매우 희박함. 김정일은 자기 아버지가 가졌던 카리스마와 통치 경험을 갖고 있지 못한 반면 앞으로 해결해야 할 정치, 경제적 과제가 엄청남.	중앙 일보 링크
이종석	1994. 07.12.	– 김일성 주석 사망 후 우리 사회 일각에서 북한 군부가 반김정일 쿠데타를 일으킬 것처럼 초점을 맞추고 있지만 그럴 가능성은 거의 없음. – 여러 정황으로 볼 때 북한의 군은 현재 김정일의 확고한 장악 아래 있다고 판단해도 좋을 듯함. 김정일이 정상적인 지도력만 발휘한다면 문제가 없을 것임. https://www.bigkinds.or.kr/v2/news/newsDetailView.do?newsId=01101001.19940711000000502	한겨레 신문 링크
이종석	1994. 07.15.	– 김정일의 변덕 · 파격에 관한 소문은 근거가 미약함. 김정일 후계가 공식화된 80년 이후 14년 동안 북한 권력 구조 내 인물 변화는 아주 작았고, 경질된 인사들의 경우에도 정책 부진 때문인 경우가 많음. 김정일 후계체제 확립 과정의 북한 정치는 대단히 안정적임. https://www.bigkinds.or.kr/v2/news/newsDetailView.do?newsId=01101001.19940715000000502	한겨레 신문 링크
이종석	1994. 07.17.	– 김일성은 김정일에게 외교사절 회담 기회 넓혀주려 했을 것이나 80년대 말 사회주의권 몰락으로 외교교섭 수업 기회는 놓친 것 같아 보임. 경제 분야에서의 그의 능력도 아직 미지수임. 그는 이 방면에서 사상 우선의 속도전적 경제방식으로 별로 재미를 보지 못했음.	한겨레 신문 링크

		- 결국 김정일의 지도력은 기본 소양은 인정되지만, 아직 검증되지 않거나 의문시되는 부분도 많다고 할 수 있음. https://www.bigkinds.or.kr/v2/news/newsDetailView.do?newsId=01101001.19940717000000502	

요약

김일성 주석의 사망 당시 자문위원들은 대체로 북한 체제 안정성을 안정적으로 평가하는 경향이 다소 강했다. 특히 김정일의 권력과 지지 세력의 안정성을 이유로 북한 체제의 안정론과 신중한 안정론을 제기했다.

〈표 2-3〉 김일성 이후 김정일 체제 평가

필자	일자	논지	자료 종류
유석열	1995. 12.28.	- 김일성 사후 1년 반이 지났는데도 김정일이 정식 권력 승계를 못 하고 있음. 이는 심각한 정치적 불안을 방증하는 것. https://www.joongang.co.kr/article/3185798#home	중앙일보 링크
서진영	1996. 07.08	- 김일성 사후 북한 정권의 안정성 의혹도 제기되었지만, 북한 정권의 통제력이 현저히 약해졌다는 징후도 감지되지 않음. 이런 점에서 여전히 북한 정권은 안정적임. https://www.bigkinds.or.kr/v2/news/newsDetailView.do?newsId=01100101.19960708000000602	경향신문 링크

안희창	1996. 09.22.	– 김일성 사망과 관련되어 북한 붕괴론과 이에 대한 반론들을 소개: ①동독 붕괴(90년) 시기, ②김일성 사후 95년 수해까지 시기, ③95년 수해 이후, 각 시기별로 전문가들의 북한 붕괴론(브레진스키, 프랜시스 후쿠야마 등)과 이에 대한 반론(서대숙, 이정식 교수 등) 소개. https://www.joongang.co.kr/article/3329673#home	중앙 일보 링크
이종석	1997. 01.01.	– 김일성 주석 삼년상을 맞이해 "기성 관례에 구애됨이 없이 독특한 방식으로 추모한다"라는 이유로 유훈통치 연장. – 7월 김일성 사망 3주기 이후 가을부터 공식 권력 승계가 예측되며 김일성 사후 김정일 체제 위기 극복 방법으로 군을 적극적으로 활용함. 북은 현재 개방정책을 확대할 수밖에 없는데 이로 인한 통제의 문제는 군사 국가로서 최소화할 수 있는 것. https://www.bigkinds.or.kr/v2/news/newsDetailView.do?newsId=01101001.19970101000001401	한겨레 신문 링크
박영호	1997. 02.14.	– 김일성 사망 이후 북한 체제는 침체되는 중이었는데, 황장엽 망명은 북한 내부 권력층의 문제를 표출하는 사건임. – 황장엽과 같은 인물은 권력 내부에 얼마든지 존재할 수 있으며 이번 사건을 제대로 수습하지 못하는 한 그의 통치에 대한 잠재적인 불만이 현재화될 개연성을 배제할 수 없음. https://www.bigkinds.or.kr/v2/news/newsDetailView.do?newsId=01100101.19970214000000502	경향 신문 링크

임을출	1997. 04.15.	– 김정일의 권력 승계가 임박했음을 암시해 주고 있는 가운데, 김일성 생일 준비행사는 '애도 분위기'에서 '축제 분위기'로 치러지고 있음. – 김일성 사망 후 군부 과도 체제를 점차 굳힌 김정일은 대규모 승진을 통해 군 내부 결속을 다져 군부 중심으로 헤쳐 나갈 것을 드러낸 것으로 볼 수 있음. https://www.bigkinds.or.kr/v2/news/newsDetailView.do?newsId=01101001.19970415000000403	한겨레 신문 링크
임을출	1997. 07.09.	– 김일성 사망 3주기 추모행사 종류와 규모는 지난해와 비슷한 수준이나 내용 면에서 '김일성의 영생성'과 '김정일 시대의 본격적인 개막'을 부각함. https://www.bigkinds.or.kr/v2/news/newsDetailView.do?newsId=01101001.19970709000000305	한겨레 신문 링크
서진영	1997. 10.09.	– 김일성 사망 후 3년 동안 경제난과 식량 위기는 더욱 악화하고, 정치 행정적인 통치 질서도 동요하고 있음. – 북한 체제 붕괴가 임박했다는 전망마저 나오고 있음. https://www.bigkinds.or.kr/v2/news/newsDetailView.do?newsId=01100101.19971009000000602	경향 신문 링크
임을출	1997. 10.09.	– 김정일은 94년 7월 김일성 사망 이후 공석이던 당 총비서직을 공식 승계해 본격적인 '김정일 시대'의 막이 오름. https://www.bigkinds.or.kr/v2/news/newsDetailView.do?newsId=01101001.19971009000000101	한겨레 신문 링크

임을출	1998. 05.22.	- 최고인민회의 대의원 선거를 치르기로 결정한 것은 김정일 총비서를 국가주석으로 선출하기 위한 절차로 볼 수 있음. - 일부 북한 전문가들은 김정일의 국가주석 취임이 북한 내 모든 정치 · 경제 사정이 정상화된 데 기인하기보다는 중국 등과의 정상회담 추진을 통해 현재의 위기를 벗어나려는 정면돌파의 성격이 강하다는 견해도 내놓고 있음. https://www.bigkinds.or.kr/v2/news/newsDetailView.do?newsId=01101001.19980522000000609	한겨레 신문 링크
임을출	1998. 07.23.	- 북 최고인민회의 대의원 선거 4일 전, 이호 통일부 정보분석실장은 22일 "북한 지도부는 이번 선거를 북한 정권 수립 이래 최대의 선거 축제 분위기로 몰아가고 있다"라며 "김정일 시대의 개막을 알리는 징후가 뚜렷하다"라고 평가. - 이번 최고인민회의 대의원 선거가 비정상 체제를 정상화하는 첫걸음이 될 것이라는 점에서 의미를 가짐. https://www.bigkinds.or.kr/v2/news/newsDetailView.do?newsId=01101001.19980723000000409	한겨레 신문 링크
임을출	1998. 09.07.	- 북한은 4년 7개월 만에 열린 최고인민회의에서 '국가 최고 직책'으로 격상된 국방위원장에 김정일 당 총비서를 재추대함으로써 권력 승계를 공식으로 마무리하고 김정일 시대를 열었음. https://www.bigkinds.or.kr/v2/news/newsDetailView.do?newsId=01101001.19980907000000101	한겨레 신문 링크

요약

김영삼 정권 이후 김일성 주석 사망과 관련한 자문위원들의 의견은 북한 체제의 안정론이 비교적 많았다. 안정론, 신중한 안정론에 속하는 기사 대부분(7건) 임을출이 작성했는데, 1998년 국방위원장이 최고 직책으로 격상되고 김정일이 국방위원장으로 재추대되면서 북한 체제가 안정적이라는 평가였다. 반면 북한 체제의 불안정성을 주장하는 기사들은 북한의 경제 위기와 황장엽 망명 등 1990년대 중반 북한의 체제 위기 상황을 반영해 북한이 불안정적이라는 평가였다.

나. 김일성 주석 조문 파동

◇ 개황

김일성 주석과 정상회담을 개최하기로 합의한 상황에서 상대방인 김일성 주석의 사망은 한국에서 정부의 김 주석 조문 여부에 관한 논쟁, 즉 조문 파동이 일어났다. 조문 파동과 관련된 논의는 김 주석 사망 후에도 수년간 이어졌다. 한국 정부의 김 주석 조문 여부에 관한 주장에 대하여 다양한 반응을 나타냈다.
예컨대 한국 정부가 한국의 안보와 국익을 위해 김 주석을 조문하는 것이 옳다는 주장과 한국 정부가 김 주석을 조문할 필요가 없다는 주장으로 크게 나뉘었다. 신중론은 참석론과 불참론 사이에서 신중을 기하는 입장이다.

〈표 2-4〉 김일성 조문 파동 평가

필자	일자	논지	자료 종류
하용출	1994. 07.20.	- 김주석 조문을 둘러싼 공방은 남한의 혼란이었음. 급기야 이 문제는 일종의 이데올로기 논쟁으로 변하였고, 끝내는 비생산적 소모성 논쟁의 종결에 대한 사회적 합의가 이루어졌음. - 좁은 의미에서 이번 해프닝은 우리 사회의 대북한 인식 문제로 볼 수 있음. 7 · 4공동성명 이래로 적으로서의 북한과 대화 상대자로서의 북한이라는 이중적 이미지가 교차되어 왔음. https://www.bigkinds.or.kr/v2/news/newsDetailView.do?newsId=01100101.19940720000000502	경향 신문 링크
김남식	1994. 09.22.	- "김 전 주석에 대한 평가는 당분간 뒤로 미루더라도 민족 전체의 이익을 도모하는 입장에서 외교적 차원의 조문 문제는 충분히 고려할 수도 있지 않았느냐"고 주장 - 북한이 대남 관계나 대미 관계 등에서 나름대로 일관성을 유지해 오고 있다고 보고 있음. 따라서 감정적 대응이 아니라 일정한 '성의'를 표시할 경우 앞으로의 남북 관계는 얼마든지 호전될 수 있음. https://www.bigkinds.or.kr/v2/news/newsDetailView.do?newsId=01101001.19940922000000501	한겨레 신문 링크
이대근	1996. 06.29.	- 정상회담 합의 12일 만에 김일성이 사망함으로써 회담이 무산된 뒤 이른바 「조문 파동」으로 남북 관계가 급속히 냉각되고 이후 남북은 오히려 첨예한 대립 국면을 지속해 옴. 북한 문제 전문가들은 이를 두고 한반도에 「신냉전 시대」가 온 것 같다고 평가하고 있음.	경향 신문 링크

		https://www.bigkinds.or.kr/v2/news/newsDetailView.do?newsId=01100101.19960629000000501	
임을출	1998. 01.03.	– 북한은 김일성 주석 사망 당시 남쪽이 조문을 거부했다는 이유로 김영삼 정부와의 대화 자체를 기피해 왔음. https://www.bigkinds.or.kr/v2/news/newsDetailView.do?newsId=01101001.19980103000000602	한겨레 신문 링크

요 약

당시 정부는 조문단의 파견을 하지 않았으며 김일성 주석 사망 이후 1990년대 후반까지 남북 관계와 북·미관계는 대체로 악화된 상태였다. 4건의 글 중에서 참석론이 3건, 신중론이 1건 제기되었다. 이들은 당시 김 주석 장례식에 조문을 했다면(혹은 최소한의 성의 표시를 했다면) 남북 관계 등 한반도의 상황이 보다 나아졌을 것이라는 아쉬움이 담겨 있다.

3 북·미 제네바합의와 경수로 건설

개황

북·미 제네바 합의는 1994년 10월 북·미 간에 이루어진 북핵 검증에 관한 합의이다. 북의 NPT 탈퇴 선언 이후 1994년 봄 심각한 위기로 치달았던 북핵 문제는 동년 6월 지미 카터 전 미국 대통령의 개입으로 파국 일보 직전의 상황에서 겨우 멈출 수 있었다. 이를 계기로 미·북 사이에 북핵 문제 및 쌍방 관계 현안을 포괄하는, 이른바 포괄적 협상이 재개되었고, 북·미 협상은 동년 10월 제네바에서 합의에 도달하였다. 여기서 북한은 북핵 검증에 상응하는 대가로 자국 내 경수로 발전소 건설을 요구했고, 이에 남한을 중심으로 사업이 추진되어 신포지구에 10만kW 경수로 건설사업이 1997년 착공된 바 있다. 하지만 북핵 위기는 감소되지 않았으며 경수로 건설도 끝내 완공되지 못했다. 한국은 경수로 건설 자금의 절반 이상을 부담했지만, 협상 과정에서는 배제되었다.

이러한 제네바 합의, 경수로 건설과 관련한 정부의 정책에 대하여 나타낸 반응은 대체로 다음과 같다. 긍정론은 제네바 합의와 경수로 건설이 북핵 문제 및 한국의 안보에 긍정적인 영향을 미쳤다는 입장이다. 부정론은 제네바 합의와 경수로 건설이 북핵 문제 및 한국의 안보에 부정적인 영향을 미쳤다는 입장이다. 신중론은 긍정론과 부정론 사이에서 신중을 기하는 입장이다.

자문위원들의 안보정향을 제네바 합의와 경수로 건설 착공이 이루어진 김영삼 정부 당시 〈표 2-5〉와 사후 시기(김영삼 정부 이후 시기) 〈표 2-6〉로 구분해 정리했다.

〈표 2-5〉 제네바 합의 평가(김영삼 정부시기)

필자	일자	논지	자료 종류
하용출	1994. 10.19.	– 제네바 북 · 미협상 타결로 북한 핵 문제는 다른 국면을 맞게 됨. 즉 NPT 탈퇴와 유보를 둘러싼 게임에서 교섭 과정을 거쳐 구체적 조치가 행해지는 단계로 전환. – 분명한 것은 북한이 핵 카드를 통해 정치적 · 경제적 이득을 노리려는 의도를 나타낸 이상 북한도 구체적인 문제 해결 과정에서 외부로부터 영향을 받게 될 가능성이 높아졌다는 것. 따라서 한국에게는 주변국과의 협조체제가 요청됨. https://www.bigkinds.or.kr/v2/news/newsDetailView.do?newsId=01100101.19941019000000502	경향 신문 링크
하용출	1994. 11.02.	– 제네바 북 · 미 회담의 합의 이후 경수로 건설 지원에 대한 논의가 끊이지 않고 있음. 특히 이번에도 '돈 주고 뺨맞는' 사태 발생에 대한 우려의 목소리가 높음. – 이에 대해 우리의 대북 경수로 지원을 합리화하는 근거를 명확히 제시, 국민이 납득할 수 있도록 해야 하며, 보다 중요한 점은 경수로 건설을 위한 컨소시엄 구성을 통해 북한을 우리가 바라는 대로 외부로 유도하는 것.	경향 신문 링크
김경원	1995. 01.05.	– 제네바합의는 북한의 변화 가능성을 열어놓고 있음. 만약 합의 내용대로 된다면 평화가 더욱 공고히 되는 것은 확실함. – 하지만 북한은 아직 평화를 받아들일 준비가 되어 있지 않음. https://www.bigkinds.or.kr/v2/news/newsDetailView.do?newsId=01100101.19941102000000502	중앙 일보 링크

김태우	1995. 04.09.	– 북–미 제네바 합의가 체결되자 새 정부가 약속했던 화해 · 협력 단계로 나아가고, 북한도 좀 더 유연하게 개방 · 개혁에 접근해 통일 기반이 조성될 것으로 기대했음. – 그러나 이러한 기대와는 달리 경수로 협정 체결 시한을 앞두고 남북 간에는 적대 · 긴장이 고조되고, 더 나아가 외무장관이 공식적으로 KEDO 탈퇴를 시사하는 막다른 골목으로 치닫는 듯함. 더 이상의 유화책은 존재하지 않으며 합의 파기 등 최악의 상황에도 대비를 해야 함. https://www.bigkinds.or.kr/v2/news/newsDetailView.do?newsId=01101001.19950409000000601	한겨레 신문 링크
김경원	1995. 04.24.	– 북한은 한국형 경수로를 거부함으로써 경수로 공급계약에 합의하지 못한 채 6개월이라는 협상 목표 스케줄이 지나감. – 북한이 미국과의 대결을 선택할지는 확실하지 않음. 북한의 국내외 사정을 고려한다면 그들은 벼랑 외교를 통한 소득 극대화를 시도하면서도 최종적 파국은 원하지 않을 가능성이 높음. 이런 경우에 우리 정부는 두 가지 가능성에 모두 대비해야 함. https://www.bigkinds.or.kr/v2/news/newsDetailView.do?newsId=01100901.19950424184459002	중앙 일보 링크
전성훈	1995. 05.14.	– 경수로 지원 협상이 난항을 거듭하고 있음. 그러나 이는 북–미 제네바 기본합의문이 안고 있는 여러 가지 문제점 가운데 하나일 뿐임. 경수로 지원 문제가 해결되더라도 앞으로 제네바 합의의 이행 과정은 몇 번의 고비를 더 겪을 것으로 예상됨. https://www.bigkinds.or.kr/v2/news/newsDetailView.do?newsId=01100901.19950424184459002	한겨레 신문 링크

이대근	1995. 12.14.	– 경수로 협상 타결로 대북 경수로 공급 협상 타결로 북한이 변화의 첫 계단에 올라서게 됐음. 이번 협상 타결로 당장 내년부터 남한의 물자와 기술자가 북한으로 들어가는 등 앞으로 남한 · 일본 · 미국과 북한간 왕래와 접촉이 빈번해지게 됨. – 하지만 경수로 건설 비용 분담엔 한 · 미 · 일의 마찰이 예상됨. https://www.bigkinds.or.kr/v2/news/newsDetailView.do?newsId=01100101.19951214000000501	경향 신문 링크
박영호	1995. 12.15.	– 경수로 공급협정이 마침내 체결됨. 한반도 긴장을 고조시켰던 북한 핵 문제는 지난해 10월 제네바 합의를 시작으로 경수로 공급협정이 체결됨에 따라 구체적인 해결 단계로 진입할 수 있게 됨. – 그러나 앞으로도 법적 지위, 영사 보호, 상환 일정, 공급 일정 등 공급협정 이행을 위한 시행세칙이 만들어져야 함. https://www.bigkinds.or.kr/v2/news/newsDetailView.do?newsId=01100901.19951215031517001	중앙 일보 링크
이대근	1996. 01.04.	– 북이 경수로 공급 협정문에 서명했고, 사업이 시작되면 긍정적인 효과가 기대됨. 경수로사업이 예상 밖으로 순조로울 경우 남북경협에 긍정적 영향을 미칠 수 있을 것으로 기대, 경수로 건설 착수와 함께 미국과의 관계 개선을 시작으로 물꼬가 다소 트일 것. https://www.bigkinds.or.kr/v2/news/newsDetailView.do?newsId=01100101.19960104000004301	중앙 일보 링크

이대근	1997. 01.01.	– 잠수함 사건으로 경수로 사업이 일시 중단됐지만 올해에는 일정한 냉각기를 거쳐 재개될 것, 경수로 공급협정 후속의정서가 가동될 것이고, 이에 따라 경수로 사업 착공(부지 정지 작업)을 위한 KEDO · 북한간, 한국전력공사 · 북한 실무자 간 전문가 협상이 이루어질 것. – 이 협상이 타결되면 제한된 지역에서나마 활발한 인적 · 물적 교류가 펼쳐지게 되고 남북관계 개선에 중 · 장기적으로 긍정적인 작용을 할 것. https://www.bigkinds.or.kr/v2/news/newsDetailView.do?newsId=01100101.19970101000004201	중앙일보 링크
임을출	1997. 08.11.	– 제네바 합의 타결 이후 3년 8개월 만에 제네바 합의의 뼈대인 경수로 사업이 첫 삽을 뜸. – 합의를 깨뜨린 결정적 상황이 벌어지지 않는 한 중단할 수 없다는 미국 정부의 완강한 입장과 북한의 '사과' 표시 이후 거침없이 진행됨. 북한 잠수함 강릉 해안 침투 사건의 난관에서도 중단되지 않음. https://www.bigkinds.or.kr/v2/news/newsDetailView.do?newsId=01101001.19970811000000602	한겨레신문 링크
안희창	1997. 08.16.	– 경수로 부지 공사 착공식이 19일로 확정, 94년 10월 제네바 합의 이후 3년여 동안 우여곡절을 겪은 경수로 건설이 본궤도에 오르게 됨. – 중장기적으로 보면 경수로 지원은 긍정적이든 부정적이든 북한의 변화를 유도할 수밖에 없다는데 대체적인 시각임. https://www.bigkinds.or.kr/v2/news/newsDetailView.do?newsId=01100901.19970816180442003	경향신문 링크

요약

제네바 합의와 경수로 건설에 관련된 전문가들의 전반적인 안보정향은 다소 긍정론에 더 가까웠다. 총 12건의 글 중에서 긍정론이 4건, 신중한 근정론이 2건, 신중론이 3건, 신중한 부정론이 2건, 부정론이 1건으로 나타났다. 구체적인 내용은 경수로 공급협정 타결 전후로 구분해 살펴볼 수 있다.

제네바 합의가 이루어졌지만, 경수로 공급협정이 타결되기 전의 기간(1994.10~1995.11)에는 북의 태도 변화 혹은 합의 이행 과정이 관련해 신중하거나 부정적인 안보정향이 많이 나타났다. 신중론이 3건, 신중한 부정론이 2건, 부정론이 1건으로 나타났다.

경수로 공급협정이 타결된 1995년 12월 이후에는 타결의 효과에 대한 기대로 북핵 문제 해결에 대한 긍정적인 안보정향이 비교적 많이 나타났다. 긍정론 4건, 신중한 긍정론 2건이었다.

〈표 2-6〉 경수로 공급협정 타결 이후 평가(김영삼 정부 이후 시기)

필자	일자	논지	자료 종류
김재홍	1998. 04.10.	– 94년 10월 제네바에서 미국은 북한 측 핵 개발 포기 대가로 중유 지원과 경수로 건설을 약속함. 미국이 중유를 전담하고 한국 측이 경수로 비용의 대부분(약 2/3)을 부담하기로 약속함. – 미국의 중유 비용 분담요청으로 한국에서 불만의 목소리가 나오고 있음. https://www.bigkinds.or.kr/v2/news/newsDetailView.do?newsId=01100401.19980410094030008	동아 일보 링크

이대근	1998. 09.10.	– 미국 국무부는 뉴욕 북 · 미 준고위급회담 결과, 내달 제네바에서 한반도 4자회담을 갖고 뉴욕에서 미사일 회담을 재개하기로 합의했음을 발표함. 이외에도 경수로 사업 본공사 시작과 북한 테러국 지정 해제 문제, 잉여 밀 10만t 추가 지원 등의 내용을 논의함. – 이번 회담으로 새로운 대화채널이 마련되었으며 이는 북한의 미사일 발사 파문에도 양측이 관계 악화를 바라고 있지 않음을 시사함. 현안 해결 과정에서 갈등 존재할 것. https://www.bigkinds.or.kr/v2/news/newsDetailView.do?newsId=01100101.19980910000000205	경향 신문 링크
한승주	1998. 09.23.	– 제네바 합의는 불만족스러운 점도 있지만 무력행사 없이 북핵을 동결시키는 데 성공했음. 제네바 합의의 폐기는 막아야 함. 주변국과의 외교적 노력을 경주해야 함. https://www.joongang.co.kr/article/3702583#home	중앙 일보 링크
전성훈	2002. 10.22.	– 제네바 합의 8돌, 북한이 비밀 핵 개발 사실을 시인하면서 한반도에 위기감이 감돌고 있음. 북한 핵 개발은 제네바 합의에 중대 위반임. – 제네바 합의와 경수로 사업은 북한의 핵 개발 사실 시인으로 인해 가장 큰 타격을 받고 있음. 북한의 핵 개발 포기를 전제로 하고 있는 제네바 합의의 기본 토대가 무너졌기 때문임. https://www.bigkinds.or.kr/v2/news/newsDetailView.do?newsId=01101001.20021022000000501	한겨레 신문 링크

윤영관	2002. 11.27.	– 북한은 제네바 합의 이행에 대한 의심으로 1997~98년쯤 비밀리에 핵 개발을 시작했을 것으로 추정됨. 제네바 합의 체결에 부정적인 부시 행정부가 협상을 통해 풀어나갈지 미지수임. – 북한은 핵 개발 포기를 먼저 선언해서 원상회복 조치를 취하고, 미국 정부는 북한 문제에 대해 보다 실질적(practical)인 접근법을 취해야 할 때임. https://www.bigkinds.or.kr/v2/news/newsDetailView.do?newsId=01100101.20021127000000702	경향 신문 링크
윤덕민	2003. 01.12.	– 98년 북한이 비밀리에 핵무기 개발을 시도하여 NPT, 제네바 합의를 어겼으며 최근 핵확산금지조약(NPT) 탈퇴를 선언함. – 한반도 핵 문제의 평화적 해결을 위한 한·미·일 3국의 공동선언 제의에도 불구하고 북한은 벼랑 끝 외교를 실시하여 국제사회 강경론자들에게 명분을 주고 있음. https://www.bigkinds.or.kr/v2/news/newsDetailView.do?newsId=01100901.20030112130704001	중앙 일보 링크
김영호	2003	– 제네바협정의 근본적인 한계점들 지적, 제네바협정 체결 이후 북한 체제 내부의 역관계와 정책 노선에 근본적인 변화가 없었음. – 클린턴 행정부의 이러한 미온적인 태도는 최근 북경 3자회담에서 북한의 핵 보유선언에서 확인된 것처럼 북한으로 하여금 비밀리에 핵 개발을 허용케 했다는 비판을 면하기 어려울 것. https://www.kci.go.kr/kciportal/ci/sereArticleSearch/ciSereArtiView.kci?sereArticleSearchBean.artiId=ART000968192	통일정책 연구 링크

서보혁	2003	제네바 합의 이후 북 미관계 개선이 실패한 원인을 문화적 변인으로 중심으로 설명. – 본 연구가 시사하는 바는 북 미관계 개선은 적대적 정체성의 완화가 동반되어야 하며, 이에 더해 공공외교, 민간외교 그리고 양국을 상호 이해하고 있는 제3국의 중재 등 외교 방법의 다변화가 필요. https://www.kci.go.kr/kciportal/ci/sereArticleSearch/ciSereArtiView.kci?sereArticleSearchBean.artiId=ART000985957	통일정책 연구 링크
이대근	2007. 03.15.	– 한 증언에 따르면 HEU 문제는 제네바 합의를 깨기 위한 구실일 뿐 부시는 이미 김정일과 대결하기로 결정했었다고 함. 과연 부시는 바라던 대로 김정일과 원 없이 대결했음. – 클린턴의 제네바 합의는 북한 붕괴라는 잘못된 전제 아래 핵 동결이란 제한된 성과를 거둔 것이었음. https://www.bigkinds.or.kr/v2/news/newsDetailView.do?newsId=01100101.20070315100003761	경향 신문 링크
김근식	2008.07. 01.	– 1994년 북 · 미 제네바 합의에서 북핵 문제 해결은 원자로 가동을 중단하는 동결 수준이었음. 당시 시점에서 북한 과거 핵 활동에 대한 검증도 불가능했으며 미국이 북한에 경수로를 건설해 주고 핵심부품이 인도되는 시점에서야 조사를 시작할 수 있었음. https://www.bigkinds.or.kr/v2/news/newsDetailView.do?newsId=01101001.20080701100005620	한겨레 신문 링크

김준형	2012. 04.09.	– 제네바회담은 시기, 조건, 실천 사항 등을 명확히 하지 않고 합의를 도출하는데 급급하여 모호한 합의안을 제시함. 이는 결국 북한의 2차 핵실험으로 이어지게 됨. – 미국은 북한과의 협상 시 북 · 미수교에 버금가는 과감한 제안을 해야 하며, 북핵 관련 모든 기술을 폐기하도록 구체적인 합의안을 세워야 함. https://www.bigkinds.or.kr/v2/news/newsDetailView.do?newsId=01100101.20120409100000022	경향 신문 링크
김태우	2014. 12.10.	– 한미 양국은 북한 체제 딜레마를 간과하고 1994년 제네바 합의를 북핵 문제의 종결로 보았음. 그러나 제네바 합의는 한국에게만 원자력 산업 저해와 핵 외교력 훼손이라는 손실만 가져왔을 뿐 북한의 핵 포기를 가져오지 못했음. – 핵 포기를 위한 협상과 대화는 지속되어야 하지만 의미 없는 대화나 반대급부를 챙기도록 도와주는 협상을 경계해야 할 것임. https://bemil.chosun.com/nbrd/bbs/view.html?b_bbs_id=10158&num=4502	조선 일보 링크
구본학	2015	– 제네바 합의는 핵 개발에 대한 국제사회의 의혹을 회피하기 위한 전략이었음. 즉, 북한은 자신의 핵 개발 계획이 결코 핵무기 개발을 위한 것이 아님을 강변하면서도 IAEA의 사찰에는 반발해 왔음. 그렇게 함으로써 북한이 핵개발 계획을 포기했는지 아니면 핵무기 개발을 지속하고 있는지에 대해 명확한 판단을 내리지 못하도록 한 것. 북한이 핵무기 개발에 대해 모호한 입장을 취한 것은 2005년 2월 10일 '핵 보유선언'까지 지속됨.	통일정책 연구 링크

		https://www.kci.go.kr/kciportal/ci/sereArticleSearch/ciSereArtiView.kci?sereArticleSearchBean.artiId=ART002071525	

요약

김영삼 정부 이후 제네바 합의와 경수로 건설에 대한 전문가들의 안보정향은 2차 북핵 위기를 기준으로 그 전과 후로 구분해 살펴볼 수 있다. 2002년 2차 북핵 위기 전까지 자문위원들의 전반적인 경향은 제네바 합의에 대해 다소 긍정적이었다(3건의 기사 중 신중한 부정론, 신중한 긍정론, 긍정론 각 1건).

하지만 2002년 2차 북핵 위기, 즉 북한이 핵 개발 사실을 시인해 부시 행정부가 대북 압박에 들어간 이후부터 전문가들의 부정적인 기류가 현저히 드러났다. 총 10건의 글 중에서 부정론이 6건, 신중한 부정론이 2건, 신중론이 2건으로 나타났다. 2차 북핵 위기 상황에 이은 냉각된 북·미관계와 북핵 문제의 악화는 제네바 합의의 성과를 부정적으로 평가할 수 있는 상황을 조성했다.

김영삼 정부 총평

우선 북한의 핵확산금지조약 탈퇴와 그에 따른 안보 위기 상황 및 전망에 대해 자문위원들은 신중론 혹은 부정론의 의견이 많았다. 북이 NPT를 탈퇴 당시에는 북·미 협상이 진전되거나 타결될 가능성을 기대하는 신중론이 주를 이루었다. 하지만 김영삼 정부 이후 자문위원들은 북의 NPT 탈퇴 이후의 안보 상황을 부정적으로 평가했다. 그리고 김일성 주석의 사망 당시 북한의 체제 안정성 문제가 이슈가 되었는데, 자문위원들은 북한 체제가 안정적이라는 평가와 전망이 많았다. 다만 북한의 경제 위기와 황장엽 망명 등으로 북한이 불안정하다는 주장도 일부 제기되었다. 그리고 김 주석 사망 당시 한국의 조문 참석 여부에 대한 논란에서는 정부의 입장과 달리 남북 관계를 고려한 참석론이 주류를 이루었다(총 4건 중 3건). 끝으로 북·미 제네바 합의와 경수로 건설에 대한 김영삼 정부 당시 자문위원들의 안보정향은 다소 긍정론이 우세했다. 제네바 합의 이행의 어려움이 존재했지만, 경수로 건설 협정이 타결되면서 긍정적인 평가가 더 많이 제기되었다. 하지만 이후 2002년 2차 북핵 위기가 발생하면서 제네바 합의와 경수로 건설에 대한 평가는 부정적으로 바뀌기 시작했다. 2차 북핵 위기와 북·미관계 악화는 제네바 합의와 경수로 건설의 결과를 회의적으로 인식하게 만든 것이다.

1993년 북의 NPT 탈퇴와 1994년 제네바협정 합의는 북핵 문제와 관련해 연속선상에 있는 사안들이라고 할 수 있다. 1차 북핵 위기에도 불구하고 김영삼 정부 시기에 북핵 문제 해결에 대한 낙관적인 전망이 주를 이루었다. 하지만 김영삼 정부 이후 2차 북핵 위기 등에 따라 점차 김영삼 정부의 성과는 회의적인 평가를 받기 시작했다. 결과적으로 문민정부를 표방한 김영삼 정부지만 남북 관계는 아무런 성과도 없었으며 갈등만 심화되었다.

제3장

김대중 정부

제3장 김대중 정부

김대중 대통령의 재임 기간은 1998년 2월~2003년 2월로서 20세기에서 21세기로 넘어가는 과도기였다. 36년 만에 여야 정권 교체를 이루어냈고 새 정부의 주권은 국민에게 있다는 의미에서 '국민의 정부'를 표방하면서 이른바 햇볕정책을 내걸었다.

김대중 정부는 출범과 함께 IMF 외환 위기에 처했으며 경제난 극복과 국정 개혁, 국민 화합 등을 과제로 제시했다.

한편 역사상 최초로 남북정상회담을 성사시켰고 6·15 남북공동선언 발표, 남북 교류 협력 추진 등 남북 관계에서 획기적인 변화를 가져왔다. 특히 남북 정상회담과 6·15 공동선언은 한국의 안보에 직접적인 영향을 미친 이슈로서 이에 대한 평가도 다양했다. 한편 제2연평해전과 2차 북핵 위기(8장 참고) 등 한국의 안보 상황을 위협할 만한 이슈들도 김대중 정부에서 발생했다.

1 남북정상회담

개황

2000년 6월 역사상 최초로 남북한 정상들 간의 회담이 성사되었다. 그 결과 6·15 공동선언이 발표되었으며, 이후 남북 간에 다양한 경제적, 사회적 교류 협력사업이 진행되었다. 당시 정상회담의 성과들이 한반도 평화와 남북 간의 긴장감 완화 등 안보 문제에 대해 어떻게 평가하는지를 살펴보았다.

우선 긍정론은 2000년 남북정상회담 당시의 성과가 한반도 안보 및 남북 관계 차원에서 긍정적 영향을 미쳤다는 입장을 꼽을 수 있다. 반면 2000년 남북정상회담 당시의 성과를 한반도 안보 및 남북 관계 차원에서 부정적으로 평가하는 입장도 있으며 2000년 남북정상회담 당시의 성과에 대한 미온적 혹은 신중하게 평가하는 의견도 있다.

자문위원들의 안보정향을 2000년 남북정상회담이 성사된 김대중 정부 시기 〈표 3-1〉와 사후 시기를 구분해 정리했다.

〈표 3-1〉 남북정상회담에 대한 평가

필자	일자	논지	자료 종류
안병준	2000. 06.15.	- 남북정상회담을 통해 북한의 대외 개방 등 변화의 징조를 보이고 있음. - 긴 안목에서 볼 때 남북 평화 협력 과정은 이미 시작됐음. 이것을 제도화해 결실을 보는 과제만이 남아 있는 것. 모처럼 성사된 이번 회담에서 이 과정을 이행하는 기본 틀이 마련됐으면 좋겠음.	중앙 일보 링크
이대근	2003. 01.14.	- 북한이 핵확산금지조약(NPT) 탈퇴를 했어도 남북한이 서로 크게 불안을 느끼지 않음. 이는 남북 간 철도, 도로 연결 때와 같이 대화의 가능성을 열어둠으로써 상대를 안심시켰기 때문. https://www.bigkinds.or.kr/v2/news/newsDetailView.do?newsId=01100101.20030114000000601	경향 신문 링크
류길재	2003. 03.11.	- 김대중 정부는 남북정상회담이 남북 관계 개선에 기여했다고 주장하지만, 대북 송금 문제가 발생하고 또다시 북핵 문제가 불거지면서 오히려 엄중한 전쟁 위기가 초래되고 있음. - 이는 정상회담이 정상적이지 않은 방식으로 개최되었기 때문. 김대중 전 대통령은 자신의 관록과 경륜이 김정일 위원장을 움직일 수 있을 거라고 확신했을 것. https://www.bigkinds.or.kr/v2/news/newsDetailView.do?newsId=01100101.20030311000000701	경향 신문 링크
김학성	2005. 10.	- 대화 중단과 긴장 완화 정체 상황에서 극적으로 성사된 2000년 6 · 15 남북정상회담은 남북 관계의 새로운 도약과 한반도 평화의 실현 가능성을 보여줌.	통일시대 232~235

고유환	2006. 03.18.	- 남북 간에는 공존에 합의했지만, 북 · 미 간에는 공존을 합의하지 못했음. 하지만 남북 관계 정상화로 6자회담 개최 분위기가 무르익어 가고 있음. - 6 · 15 선언 발표 5주년을 맞아 남북한 모두 한반도 문제의 외세 결정론적 사고에서 탈피해 핵 문제의 주도적 해결에 적극 나서야 할 것.	중앙 일보 링크
이영훈	2006. 07.	- 2000년 6 · 15 남북정상회담으로 인한 남북 관계 개선으로 어패류와 같은 일부 우수한 북한상품에 대한 수요가 증가하면서 중국기업이 북한과 한국을 비롯한 제3국 간의 무역에 보세 무역의 형태로 개입하기 시작함.	통일시대 668~669
정성장	2006. 10.12.	- 김대중 정부와 노무현 정부의 대북 포용정책은 이전 시기까지만 해도 상상하기 어려운 성과를 거둠. - 북한의 핵 보유선언 및 핵실험은 한국의 '대북 퍼주기'의 결과가 아니라, 출범 이후부터 북한의 고립과 붕괴를 추구해 온 미국의 대북 강경 정책의 '쓴 열매'임. https://www.bigkinds.or.kr/v2/news/newsDetailView.do?newsId=01101001.20061012100000522	한겨레 신문 링크
김근식	2007. 12.20.	- 김대중 정부에서 대북 포용 정책으로 적대와 대결의 남북 관계를 화해와 협력으로 전환시켰고 급기야 역사적인 남북정상회담을 성사시킴. 그 결과 한반도 정세는 호전되었고 냉랭했던 북 · 미관계도 호전됨. https://www.bigkinds.or.kr/v2/news/newsDetailView.do?newsId=01100101.20071220100006264	경향 신문 링크
조동호	2008. 04.	- 2000년 남북정상회담을 통해 대형 경협 사업이 추진될 수 있는 기반을 만듦.	통일시대 1035

정성장	2009. 08.20.	- 2000년 최초의 남북정상회담을 개최하여 남북한이 정치적으로 화해하고 경제와 사회 · 문화 분야 등에서 실질적으로 교류하고 협력하는 새 시대를 열었음. https://www.bigkinds.or.kr/v2/news/newsDetailView.do?newsId=01100101.20090820100000892	경향 신문 링크
조영기	2009. 09.	- 2000년 '6 · 15 남북정상회담'을 계기로 대북지원이 활기를 띠기 시작함. 하지만 교역이 항상 평화를 보장해 주는 것은 아님. 교역이 갈등을 초래할 수도 있으며, 지난 10년간의 대북정책은 평화만 강조함으로써 남북 간의 긴장도를 높였음. 원칙 없는 대북 포용정책은 남남갈등을 증폭시킴.	통일시대 1581~ 1584
김재홍	2010. 08.26.	- 남북정상회담은 김대중 정부가 정책 일관성과 인내심을 가졌기에 얻을 수 있는 역사적 성과였음. https://www.bigkinds.or.kr/v2/news/newsDetailView.do?newsId=01101001.20100826100000031	한겨레 신문 링크
양무진	2012. 07.06.	- 2000년 남북정상회담은 고립된 북한을 대화의 장으로 이끌어냄. 교류 협력 확대와 북 · 미 간 특사 교환 방문과 북일정상회담 개최에도 적극적인 역할을 했음. - 그러나 대화와 교류 협력 과정에서 관광객 억류 사건과 제2연평해전이 발생했고, 대북 퍼주기론이 대두되어 남남갈등이 확산되기도 했음. https://www.bigkinds.or.kr/v2/news/newsDetailView.do?newsId=01100101.20120706100000019	경향 신문 링크

이우영	2018. 02.	– 2000년 열린 남북정상회담은 여러 가지 차원에서 변화를 가져옴. 15년 만에 이산가족 상봉이 이뤄졌고 남북을 잇는 철도와 도로 개통, 개성공단 가동 등 경제 분위기도 고조됨. 사회문화 교류도 활성화됨.	통일시대 4575~4576

요약

남북정상회담 이후 남북한 간의 대화와 협력, 교류가 진행되면서 한국의 안보에 긍정적인 영향을 미쳤다는 평가가 많았다. 김대중 정부 당시 모두 긍정론으로 나타났으며, 김대중 정부 이후에도 2000년 남북정상회담의 성과에 대한 자문위원들의 평가는 긍정적이었다.

긍정론자들은 남북정상회담이 남북 관계와 북핵 문제, 북·미 관계에 긍정적인 영향을 미쳤다고 평가한다. 부정론자들은 대북 송금 문제가 발생하고(류길재), 북핵 문제 해결에 제한적 효과를 거두었고 더 나아가 남북 간 군사적 긴장도를 높이는 역효과를 낳았다는 평가(조영기)도 존재했다.

2 6·15 남북공동선언

개황

2000년 6 · 15 남북공동선언은 분단 55년 만에 처음으로 남북한이 공동으로 한반도 문제에 당사자 해결 원칙을 구현하고 당국간 대화를 제도화하여 점진적 평화통일을 추구하는 데 관한 포괄적인 합의를 이루었다. 하지만 각 조항에 대한 해석상의 문제가 지식인들에 의해 제기되었다. 특히 공동선언 제2항 "남과 북은 나라의 통일을 위한 남측의 연합제 안과 북측의 낮은 단계의 연방제 안이 서로 공통성이 있다고 인정하고 앞으로 이 방향에서 통일을 지향시켜 나가기로 하였다"라는 조항은 '공통성'에 대한 해석의 문제를 불러일으킬 소지를 안고 있었다. 따라서 이에 관한 자문위원들의 안보정향도 다양하게 나타났고 이를 긍정론/신중한 긍정론/신중론/신중한 부정론/부정론으로 구분하였다.

긍정론은 제2항 등 6 · 15 공동선언의 합의를 긍정적으로 평가하는 입장이다. 반면 부정론은 제2항 등 6 · 15 공동선언의 내용을 부정적으로 평가하는 입장이다. 신중론은 긍정론과 부정론 사이의 신중한 입장을 의미한다.

자문위원들의 안보정향을 김대중 대통령 임기 당시와 사후 시기(김대중 대통령 임기 이후)를 구분해 정리했다.

6·15 남북공동선언

1. 남과 북은 나라의 통일문제를 그 주인인 우리 민족끼리 서로 힘을 합쳐 자주적으로 해결해 나가기로 하였다.
2. 남과 북은 나라의 통일을 위한 남측의 연합제안과 북측의 낮은 단계의 연방제안이 서로 공통성이 있다고 인정하고 앞으로 이 방향에서 통일을 지향시켜 나가기로 하였다.
3. 남과 북은 올해 8 · 15에 즈음하여 흩어진 가족, 친척방문단을 교환하며 비전향 장기수 문제를 해결하는 등 인도적 문제를 조속히 풀어 나가기로 하였다.
4. 남과 북은 경제협력을 통하여 민족경제를 균형적으로 발전시키고 사회 · 문화 · 체육 · 보건 · 환경 등 제반 분야의 협력과 교류를 활성화하여 서로의 신뢰를 다져 나가기로 하였다.
5. 남과 북은 이상과 같은 합의사항을 조속히 실천에 옮기기 위하여 이른 시일 안에 당국 사이의 대화를 개최하기로 하였다.

김대중 대통령은 김정일 국방위원장이 서울을 방문하도록 정중히 초청하였으며 김정일 국방위원장은 앞으로 적절한 시기에 서울을 방문하기로 하였다.

〈표 3-2〉 6·15 남북공동선언 평가

필자	일자	논지	자료 종류
김근식	2000. 06.19.	– 6 · 15 공동선언 2항은 남한이 북한의 연방제안을 수용한 것이 아니라 북한이 현실적인 통일경로로서 연합방식을 수용한 것을 의미함. 급격한 국가적 통합이 아닌 체제 인정과 공존공영의 단계를 거쳐 통일을 지향하는 데 합의함. – 이번 6 · 15 공동선언의 합의는 급격하고 과도한 제도적 통일을 미루고 화해와 협력을 이루는 사실상의 통일 방식에 현실적으로 동의한 것으로 볼 수 있음. https://www.bigkinds.or.kr/v2/news/newsDetailView.do?newsId=01101001.20000619000001504	한겨레 신문 링크

김근식	2000. 09.16.	- 6 · 15 공동선언 이후 김용순 대남 담당 비서의 서울 방문으로 남북 관계의 발전된 모습이 나타남. - 남북대화의 정상화와 제도화를 위해 정상 간 대화는 꼭 필요할 경우로만 한정해야 할 것임. 남북은 이제 '상시 대화'의 시대를 맞이하고 있음. https://www.bigkinds.or.kr/v2/news/newsDetailView.do?newsId=01101001.20000916000000404	한겨레 신문 링크
이종석	2002. 06.07.	- 6 · 15 공동선언 2항에 대한 논란이 불거지며 우리가 북한의 공산화 통일론에 말려든 것이라는 비판이 나타남. - 6 · 15 공동선언의 의미는 남북통일을 실현할 때까지 적대성을 줄이고 차이점보다 공통점을 발견해 나가며 공간을 넓혀나가자는 것임. https://www.bigkinds.or.kr/v2/news/newsDetailView.do?newsId=01100101.20020607000000701	경향 신문 링크
강성윤	2004.	- 6 · 15 공동선언 2항은 공동선언문에 대한 충분한 검토를 거칠 수 없었던 상황에서 상호 입장을 절충하여 만들어진 결과임. - 남한의 연합제와 북한의 낮은 단계의 연방제는 목표가 다르기 때문에 공통성에 대한 논의에서 한계점을 가질 수밖에 없음. 형식적인 공통성에 불과한 것으로 해석할 수 있으며 이를 토대로 통일을 지향한다는 것은 현실성이 희박한 일임. - 또한 제2항 합의에 대한 남과 북의 각기 다른 해석으로 인한 비합리적 결정은 현실적으로 합의 이행을 불가능하게 만드는 요소임. https://kiss.kstudy.com/Detail/Ar?key=2395938	북한 연구 학회보 링크

김근식	2006.	– 6 · 15 공동선언은 오랫동안의 적대적 대결 관계를 청산하고 화해적 공존 관계의 첫발을 내딛음으로써 상호 체제 인정과 평화공존에 토대한 남북 간 평화와 화해와 협력의 실질적 토대를 마련했다는 종합적 의미를 갖는다고 볼 수 있음. https://www.kci.go.kr/kciportal/ci/sereArticleSearch/ciSereArtiView.kci?sereArticleSearchBean.artiId=ART001034322	북한 연구 학회보 링크
하영선	2007. 06.03.	– 쉽사리 공동 실천의 앞길이 내다보이지 않는 6 · 15 공동선언의 기념식은 해가 갈수록 화려해지고 있음. – 공동선언 이후 7년이 지난 현재 북한은 핵실험을 하는 등 7년간 햇볕정책의 결과는 제한적임이 밝혀졌음.	중앙 일보 링크
정세현	2015. 06.15.	– 이명박 정부는 6 · 15 공동선언에 대한 오해와 편견으로 6 · 15를 비우호적으로 대함. – 한반도 분단 상황에서 평화공존과 교류 협력에 대한 협의는 진보–보수 진영을 떠나 분단 관리를 위해 당연히 포함해야 하는 내용임. 7.27–6.15–10.4와 전혀 다른 방향의 공동선언은 앞으로도 나오기 어려울 것임. https://www.bigkinds.or.kr/v2/news/newsDetailView.do?newsId=01101001.20150615100000029	한겨레 신문 링크
오일환	2017. 06.	– 6 · 15 남북공동성명은 기능주의적 통합의 길을 제시하기는 했지만, 남북 간의 동상이몽 해석의 차이로 우리가 원하는 점진적 통일 방향으로 전진하기에 분명한 한계가 있었음.	통일 시대 4308

백학순	2020.06. 15.	– 6 · 15 공동선언 20주년을 맞아 그 성과를 긍정적으로 평가. 공동선언은 남북한의 공동 인식을 바탕으로 앞으로 이 방향에서 통일을 지향해나가자는 것. – 이러한 의의가 중요한 이유는 상호 경쟁자인 남북한 간에 통일의 현주소와 방안에 대해 공동 인식과 합의를 갖는 것이 무엇보다도 필요하기 때문. https://www.khan.co.kr/article/202006150300075	경향 신문 링크

요약

김대중 대통령 임기 동안 6 · 15 공동선언의 합의 내용은 긍정적으로 평가되었다. 2건의 긍정론(김근식)은 점진적인 남북 관계 발전의 관점에서 공동선언이 긍정적으로 작용할 것이라고 인식했다.

김대중 대통령 임기 이후에도 6 · 15 남북공동선언과 관련된 자문위원들의 안보정향은 긍정론이 다소 우세했다. 총 7건의 글 중에서 긍정론이 3건, 신중한 긍정론이 1건, 부정론이 3건으로 나타났다.

긍정론자들은 대부분 공동선언 제2항과 관련된 비판과 논쟁을 인정하면서도 통일방안에 대한 남북한 공동의 인식과 합의를 만들어가야 한다는 의미에서 긍정적인 인식을 보였다. 반면 남북한 통일의 목표가 다르기 때문에 공동선언 제2항이 비현실적이라는 평가(강성윤) 등 공동선언 해석의 문제 때문에 부정적인 평가도 비등하게 전개되었다.

3 2002 월드컵과 제2연평해전

개황

한일월드컵이 진행 중이던 2002년 6월 29일 북한의 선제공격으로 제2연평해전(제1연평해전 1999년 6월 15일 발생)이 발생했다. 특히 이날은 한국의 3, 4위 순위결정전이 열리던 날로서 북은 의도적으로 이 날짜를 선택했으며, 제1연평해전에 대한 보복 차원에서 제2연평해전을 감행했다는 추측을 낳았다. 그리고 한국 정부의 대응 방법에 관한 의견이 분분했고, 이에 관한 자문위원들의 평가도 갈리었다.

북의 도발에 대해 남북 화해를 고려한 차분한 대응을 주장하여야 한다는 유화론적인 주장이 있는 반면에 안보적 차원을 고려한 단호한 대응을 요구하는 강경론도 있었다. 물론 유화론과 강경론 사이에서 제2연평해전에 대한 북한의 책임 유무와 관련해 신중한 입장을 취하는 유화론자들도 있었던 것으로 〈표 3-3〉과 같다.

〈표 3-3〉 6·29 제2연평해전 평가

필자	일자	논지	자료 종류
김근식	2002. 07.01.	- 2002년 월드컵 3.4위전이 열린 날(2002.6.29.) 서해상에서 남북 해군간 교전이 발발하여 양측의 인명피해가 발생함. 북한의 의도를 예단하지 말고 돌발사태가 발생할 시 현명한 대응이 무엇인가를 고민해야 함.	경향 신문 링크

		- 대북 강경 노선으로 회귀는 또 다른 긴장을 초래할 뿐 근본적인 문제 해결 불가함. 남북 화해 기조를 유지한 채 차분하고 냉정한 대응이 필요함. https://www.bigkinds.or.kr/v2/news/newsDetailView.do?newsId=01100101.20020701000000702	
류길재	2002.07.10.	- 제2연평해전으로 한반도 위기설이 대두됨. 제2연평해전은 우발적이라기보다는 1999년 6월 15일 제1연평해전 패배에 대한 보복일 가능성이 높음. - 북한은 안보 문제와 남북 교류를 분리해서 사고하고 있음. 제2연평해전은 외부적 시위보다는 북한군 내부의 사기진작과 체제의 단결을 목표로 한 것으로 보임. 햇볕정책이 성과를 거두기 위해서는 단호한 안보태세가 필수적임. https://www.bigkinds.or.kr/v2/news/newsDetailView.do?newsId=01100101.20020710000000701	경향신문 링크
김재홍	2002.10.10.	- 제2연평해전은 정황상 북한 군부 차원에서 1999년 제1연평해전의 설욕전으로 계획했을 가능성이 있음. 북한 군사행동의 지휘 책임이 어디에 있는가를 신중히 따져보아야 함. - 제2연평해전 관련 특수정보가 삭제되었다고 주장한 감청부대장의 폭로가 있었음. 제2연평해전의 책임이 북한 핵심부에 있는지를 통신감청 자료를 분석해서 판단한 뒤 햇볕정책에 대해 논해야 할 것임. https://www.bigkinds.or.kr/v2/news/newsDetailView.do?newsId=01100101.20021010000000701	경향신문 링크

요약

북한의 도발로 비롯된 제2연평해전의 결과를 참수리 357호 침몰과 승조원 6명 전사, 19명 부상이 있었다. 북한 경비정은 화염에 휩싸여 30여 명의 사상자를 내고 퇴각하였다. 2002 한일월드컵과 제2연평해전에 관한 전문가들의 안보정향은 대체로 신중한 입장을 보였다. 총 3건의 글 중에서 신중한 유화론 1건, 신중론 1건, 신중한 강경론 1건으로 나타났다.

신중한 유화론(김근식)은 북한의 의도 유무를 예단하지 않으면서도 사태에 대한 차분한 대응을 요청했다. 신중론(김재홍)은 제2연평해전의 책임소재를 분명히 가려낸 후 햇볕정책 유지 여부에 대한 판단을 내려야 한다고 주장했다. 신중한 강경론(류길재)은 햇볕정책 성과의 유지를 요청하는 동시에 북한 군부 차원에서 단호한 안보태세를 갖출 것을 요구했다.

김대중 정부 총평

김대중 정부 시기의 대북정책은 기존에는 시도되지 못했던 획기적인 성격이 존재한다고 자문위원들의 전반적인 안보정향도 긍정적인 평가가 많았다. 특히 남북정상회담에 대한 평가는 김대중 정부 이후 시기를 포함해 전체 16건의 글 중에서 긍정론이 12건, 신중론 1건, 신중한 부정론이 3건일 정도로 긍정론에 편향되어 있었다. 하지만 6 · 15 공동선언의 경우 긍정 평가와 부정 평가가 대등하게 주장되었다. 공동선언 긍정론자들은 통일방안에 대한 남북한의 공동 인식과 합의를 만들어가야 간다는 의미를 부여한 반면, 부정론자들은 공동선언 항목에 대한 남북한 해석의 차이 등을 이유로 공동선언을 부정적으로 평가했다.

끝으로 2002년 한일월드컵 당시 서해상에서 발발한 제2연평해전의 경우, 월드컵에서 한국의 3, 4위 순위결정전이 열리던 날 북이 의도적으로 제1연평해전에 대한 보복 차원에서 감행했다는 추측을 존재했다. 당시는 서해교전으로 불리었으나 2008년에 이르러 승전의 의미를 부여하여 제2연평해전으로 명명하였다.

제4장

노무현 정부

제4장 노무현 정부

노무현 대통령의 임기는 2003년 2월~2008년 2월로서 김대중 정부의 뒤를 이어 개혁적 조치를 단행했다. 참여 정부를 표방한 노무현 정부는 4대 개혁 입법과 과거사 진상 조사 등 과감한 개혁 조치를 추진했다. 하지만 과감한 개혁 조치는 곧 반대에 부딪혀 최초로 국회가 대통령 탄핵 소추안을 의결하는 등 갈등을 빚기도 했다. 대북정책 차원에서도 김대중 정부의 햇볕정책을 근간으로 함과 동시에 남북정상회담 추진 과정에서 발생한 대북 송금에 대한 특검을 단행했다. 대외적으로는 이른바 '동북아 균형자론'을 표방하며 자주적인 외교 노선을 추구했지만, 주변국과의 갈등도 피할 수 없었다. 특히 북핵 문제를 남북한과 미·중·러·일의 6자 회담의 틀에서 대화를 통한 해결을 추구하는 데 주도적인 역할을 하고자 했다.

노무현 정부는 임기 초기부터 국정과제 달성을 위해 대북 송금 특검과 6자 회담 등을 빠르게 추진했다. 그 과정에서 정권 초기부터 보수·진보 지식인들이 많은 논쟁을 일으켰다. 더구나 노무현 정부 임기 말에 실시된 남북정상회담은 그 추진 과정에서부터 시작해 결과물인 10.4선언에 이르기까지 적지 않은 논쟁이 존재했다.

1 6자회담

개요

2002년 2차 북핵 위기 이후 2003년 8월부터 6자회담(남북한, 미국, 일본, 중국, 러시아 참여)이 시작되었고 2005년 9.19 공동성명과 2007년 2.13 합의 등 북핵 해결에 관한 다자간 합의의 성과를 도출해 낸 바 있다. 하지만 북의 1차 핵실험(2006.10.9.)과 유엔의 대북 제재 등 북한과 국제사회가 대립하는 양상도 나타났다. 따라서 한국 정부가 6자 회담을 계속 진행해야 할지 여부에 관한 논쟁이 발생했고 전문가들의 입장도 의견이 갈리었다.

예컨대 북한의 핵 문제에 대해 6자 회담 등 외교적인 해결을 주장하는 유화론과 강경론은 북핵 문제에 대해 외교적, 군사적 차원에서 강경한 대응을 주장했다. 마지막으로 신중론은 북핵 문제에 대한 외교적, 군사적 차원에서 신중한 정책 혹은 특정한 상황(북핵 협상 진전 등)에 대한 조건부 대응책을 주장하고 있다.

6자 회담과 관련하여 많은 의견을 개진하고 있는바 노무현 정부 당시 〈표 4-1〉와 사후 시기 〈표 4-2〉로 구분해 살펴보았다.

〈표 4-1〉 노무현 정부 당시 6자 회담 평가

필자	일자	논지	자료 종류
윤덕민	2003. 08.04.	- 미국이 제시한 6자회담을 북한이 수용하였음. 6자회담의 성공 여부는 참여국들이 일관적으로 조율된 요구를 개진하느냐에 달렸음. 6자회담에서 핵 문제가 완전히 해결되기 위해서는 대가가 필요할 것임. 정부는 대가를 지불한 만큼 한국의 입장이 반영되도록 노력해야 할 것임. https://www.bigkinds.or.kr/v2/news/newsDetailView.do?newsId=01100901.20030804163635001	중앙 일보 링크
곽태환	2003. 08.07.	- 6자회담은 북핵 문제를 평화적이고 외교적으로 해결하기 위해 단계적이면서도 포괄적인 일괄타결 방안에 합의해야 함. - 6자회담 의제로 북핵 문제의 평화적 해결을 위한 5가지 기본원칙에 합의할 것을 제안함. 북핵 폐기와 북한 체제 보장 및 대북 경제지원이 동시에 실행되는 포괄적, 일괄적 타결 원칙에 기초해서 합의해야 함. https://www.bigkinds.or.kr/v2/news/newsDetailView.do?newsId=01100101.20030807000000601	경향 신문 링크

김경원	2003. 08.10.	– 6자회담은 성공보다 실패할 가능성이 더 크지만, 북한이 6자회담을 받아들이기로 한 것에 의의가 있음. 북한이 5개 참여국 간의 관계를 조종하여 상호 견제토록 하는 상황을 주의해야 함. – 6자회담이라는 대외적 협상에 못지않게 대내적 협상도 중요하므로 한국 내부 세력을 설득하고 국민의 동의를 구해야 할 것임. https://www.bigkinds.or.kr/v2/news/newsDetailView.do?newsId=01100901.20030810164058001	중앙 일보 링크
김영수	2003. 08.29.	– 베이징에서 6자회담 첫 회의가 진행되었음. 구체적인 성과나 합의문은 도출되지 못했지만, 협상의 여지를 충분히 남겼음. – 각국의 의견 차이가 확연하여 6자회담을 통한 북핵 해결에는 상당한 시간이 소요될 것으로 보임. 회담의 속도가 늦춰지지 않도록 한국이 적극적으로 중재자 역할을 맡아 회담을 주도해야 함. https://www.bigkinds.or.kr/v2/news/newsDetailView.do?newsId=01100901.20030829181016002	중앙 일보 링크
곽태환	2003. 09.20.	– 미국은 6자회담에서 다자회담의 형식을 강조했으며, 기존 입장에서 한발 물러나 북·미 양국이 동시 병행 원칙을 준수하면서 비핵화 조치의 순서를 논의하겠다는 의지를 드러냄. – 북한은 한반도 비핵화 실현을 위한 구체적인 로드맵을 제시해야 함. 북·미는 상호 양보와 타협의 의지를 갖고 상대의 의견을 검토해야 함. https://www.bigkinds.or.kr/v2/news/newsDetailView.do?newsId=01100101.20030920000000601	경향 신문 링크

곽태환	2003. 12.04.	– 북핵 문제 해결을 위한 2차 6자회담을 앞두고 있지만 북·미가 상이한 접근방법과 전제조건을 고집하고 있어 상황이 불투명함. – 미국이 제시한 북핵 폐기 4단계 안을 북한이 수용하기 위해서는 한·일·중·러가 북·미 양자에 상호 양보와 타협을 하도록 설득해야 함. 북한의 핵 포기 선언과 미국의 대북 안전보장 선언을 담은 공동선언문에 대한 합의가 이루어진다면 6자회담에서 생산적인 협상이 진전될 것. https://www.bigkinds.or.kr/v2/news/newsDetailView.do?newsId=01100101.20031204000001301	경향 신문 링크
김태우	2004. 02.11.	– 6자회담을 통한 북핵 문제의 성공적인 해결은 북한의 민주화를 수반하는 것이어야 함. 북핵 문제의 본질은 북한의 체제 유지 욕구에 있음. 따라서 협상 당사국들은 북핵 문제의 본질을 유념하고 한두 번의 회담으로 모든 북한 문제를 해결하려 들지 말아야 함. https://www.bigkinds.or.kr/v2/news/newsDetailView.do?newsId=01100901.20040211011553001	중앙 일보 링크
윤덕민	2004. 02.29.	– 2차 6자회담으로 북핵 해결의 메커니즘으로 제도화되는 계기가 마련됐음. – 하지만 현재 가장 우려되는 점은 북한 태도의 경화임. 회담이 정해질 무렵만 해도, 북한은 상당히 유연한 태도를 보였으나 이번 회담에서 그 대상을 핵무기 프로그램으로 후퇴시켰고, 더욱이 얼마 전 납치 방북한 일본 대표단에 갑자기 태도를 돌변해 종래의 입장을 되풀이함.	중앙 일보 링크

고유환	2004. 04.09.	- 2차 6자회담 이후 북핵 문제를 둘러싼 미국과 중국의 상반된 입장 차이가 나타남. 미국이 북핵 해결에 미온적인 태도를 유지할 경우 중국이 적극적으로 나서서 북한에 경제지원을 약속하고 중국경제에 편입시킬 가능성도 배제할 수 없음. - 한국 정부는 북핵 해결 과정에서 새롭게 형성될 동북아 신질서 구축에 대비하는 전략적 사고가 필요함. https://www.bigkinds.or.kr/v2/news/newsDetailView.do?newsId=01100101.20040409000001202	경향 신문 링크
고유환	2004. 06.15.	- 그동안 한 · 미 · 일 3국은 '대화와 압력의 병행 전략'에 따라 북핵 문제 해결에 주력해 왔음. - 그러나 북 · 미 간 입장 차이로 북핵 문제가 장기화하는 상황에서 우리 정부는 현안 해결을 미루면서 북핵 문제 해결 때까지 마냥 기다릴 수만은 없으며, 6자회담 등을 통해 국제사회와 핵 문제 해결 노력을 지속하면서 남북 교류 협력과 긴장 완화 노력을 병행할 수밖에 없음.	중앙 일보 링크
백학순	2004. 11.10.	- 6자회담의 틀 속에서 북 · 미는 양자 회담에 응하지 않았음. 제2기 부시 정부는 북한에게 비군사적 수단을 사용하여 더 강경한 노선을 견지할 것으로 보임. 미국이 대북 압박 수위를 높이면 북한이 최후의 방법으로 핵무기 실험을 통한 핵 보유로 나아갈 가능성도 있음. - 한국 정부는 미국에 한반도의 긴장 고조는 불가하다는 점을 강조하고 북한과의 신뢰 회복을 추진하여 핵 문제를 협력으로 해결해야 함. https://www.bigkinds.or.kr/v2/news/newsDetailView.do?newsId=01100101.20041110000000301	경향 신문 링크

조윤영	2004	- 최근 부시 행정부의 북핵 문제에 대한 강경한 태도와 새로 출범한 노무현 정부의 기존 한미 동맹 관계의 재정립 계획은 제2의 북핵 위기가 고조되는 상황에서 한미 관계는 전환기를 맞이하며 동맹내의 안보딜레마를 겪고 있음. - 한국 정부는 북한의 핵무기는 용납할 수 없지만 북한 핵을 해결하기 위해서는 무력 사용은 금지하고 평화적 해결을 위해서 다자적 문제 해결 입장을 주장하고 있음. 한미 동맹의 재조정과 제2의 북핵 문제가 동시에 발생하는 시점에서 한미 동맹이 풀어가야 할 숙제들은 여전히 남아있고 장기화될 가능성이 있음.	한국 정치 학회보 링크
김태우	2005. 02.10.	- 2005년 2월 9일 북한 외무성이 '6자회담 무기연기' 및 '핵 보유' 선언을 발표함. 최근 미국 정부 및 언론은 '북한의 육불화우라늄 볼리비아 판매'를 폭로하고 재취임 연설에서 북한을 폭정의 전초기지로 지목하는 등 압박을 가함. - 북한이 핵 보유를 선언한 이상 북·미 간 핵 대결이 어떻게 될지 주목해야 함. 북한이 핵 보유를 선언한 마당에서도 북한이 하기에 따라서는 좋은 시나리오로의 선회가 전혀 불가능한 것만은 아님. https://www.bigkinds.or.kr/v2/news/newsDetailView.do?newsId=01100901.20050210122926001	중앙 일보 링크
김근식	2005. 07.28.	- 4차 6자회담에서 양자 접촉 중심의 회담 방식과 북·미 양측의 완화된 태도가 나타나며 실질적인 합의를 도출할 가능성이 높아짐. - 3차 회담에서 북·미 양측은 '동결 대 보상 조치'에 대해 논의하기로 합의했음. 이번 4차 회담에서 양측의 최종목표를 확인하고 요구사항을 투명하게 이행하도록 합의한다면 북핵 문제는 대화를 통한 해결 프로세스에 진입하게 될 것임.	중앙 일보 링크

		https://www.bigkinds.or.kr/v2/news/newsDetailView.do?newsId=01100901.20050728193913002	
고유환	2005. 08.07.	– 베이징 6자회담에서 당사국들이 공동문건 합의 도출에 실패하고 3주간 휴회하기로 선언함. 휴회 선언은 참가국 모두 북핵 문제 해결에 강한 의지를 가지고 있다는 점을 시사함. – 이번 회담에서 한반도 비핵화를 위한 기본 틀과 프로세스를 만들자는 공감대가 형성됨. https://www.bigkinds.or.kr/v2/news/newsDetailView.do?newsId=01100901.20050807195342001	중앙 일보 링크
백학순	2005. 12.22.	– 9.19 공동성명 이행이 심각한 어려움에 부닥치면서 북핵 문제 해결 전망이 좋지 않음. 미국은 대북 강경책으로 돌아서고 있으며 북한은 이에 맞서 대미 대결의 강도를 높이고 있음. – 한국 정부가 9.19 공동성명의 추동력을 유지하고 이행하기 위해서 북·미를 설득해야 할 것임. 9.19 공동성명에 포함되지 않은 '북핵 동결'과 관련한 해법을 찾아야 함. 남북한 최고 지도자 수준에서 대화를 시작해야 함. https://www.bigkinds.or.kr/v2/news/newsDetailView.do?newsId=01100101.20051222100011995	경향 신문 링크
전봉근	2006. 11.22.	– 한미 정상회담에서 정전 체제의 '평화 체제 전환'을 제안함. 북한 핵실험, 유엔안보리 대북 제재, 한미 동맹 조정 등 중대한 정책 환경 변화 속에서 평화 체제 논의가 급진전 될 가능성이 높아짐. – 북한은 6자 공동성명 이행 첫 단계로 핵 동결과 사찰을 수용해야 함. 미국의 종전선언 제안이 비핵화로의 선순환을 촉발할 것임.	중앙 일보 링크

		https://www.bigkinds.or.kr/v2/news/newsDetailView.do?newsId=01100901.20061122163102001	
양무진	2006. 12.16.	- 5차 6자회담 2단계 회의가 재개될 예정임. 한미 정상은 6자회담 재개를 위한 '공동의 포괄적 접근방안'에 합의함. - 북한과 미국은 선 제재 해제와 선 핵 폐기라는 선행조건 요구를 과감히 떨쳐버려야 함. 당사국들은 이행이 가능한 것부터 순차적으로 풀어나가야 할 것임. https://www.bigkinds.or.kr/v2/news/newsDetailView.do?newsId=01100901.20061224170311001	경향신문 링크
고유환	2006. 12.24.	- 제5차 6자회담 2단계 회의에서 북한은 '선 제재 해제 후 비핵화'를, 미국은 '선 비핵화 후 제재 해제 및 관계 정상화' 의지를 고수함. - 6자회담의 성패는 1단계 말 대 말, 2단계 행동 대 행동, 3단계 북 · 미 관계 정상화와 평화협정 체결 등의 합의를 이루는 과정에서 미국의 선 비핵화 입장과 북한의 선 제재 해제 요구 사이의 간극을 어떻게 좁히느냐에 달렸음. https://www.bigkinds.or.kr/v2/news/newsDetailView.do?newsId=01100901.20061224170311001	중앙일보 링크
김근식	2006. 12.26.	- 5차 5자회담 2단계 회의가 종료되었음. BDA 관련 북 · 미 간 현격한 입장 차이가 나타남. 북 · 미 간에 접점을 모색하기 위해서는 상호 요구사항을 동시에 교환해야 함. - 이번 회담에서 핵 포기 초기 조치와 상응 조치에 대해 북 · 미가 어느 때보다 전향적 입장을 보여줬음. https://www.bigkinds.or.kr/v2/news/newsDetailView.do?newsId=01100101.20061226100000368	경향신문 링크

이종석	2007. 02.08.	– 이번 6자회담에서는 북핵 문제의 진전이 있을 것으로 보이지만 근본적인 문제 해결이 필요함. 최종 결과까지 연속성이 보장되는 단계적 합의가 필요함. – 미국은 더 이상 북 · 미 직접 대화를 기피해서는 안 됨. 한국 정부는 6자회담 진전 시 남북관계를 지체없이 복원해야 함. 핵 문제와 남북관계 진전이 선순환 구조로 돌아갈 때 한반도 정세가 안정될 것임. https://www.bigkinds.or.kr/v2/news/newsDetailView.do?newsId=01101001.20070208100000388	한겨레 신문 링크
조성렬	2007. 02.14.	– 2 · 13 합의는 제네바 합의 때의 동결에서 더 나아가 영변 핵시설들을 불능화하기로 합의함. 합의에서 초기 이행 조치 이후에 어떻게 할 것인지 분명히 정하지 않아서 모호한 부분이 있음. – 이번 합의는 북핵 문제의 진전과 북 · 미관계의 정상화, 한반도 평화 체제 구축의 계기를 마련한 것으로 보임. https://www.bigkinds.or.kr/v2/news/newsDetailView.do?newsId=01100101.20070214100004318	경향 신문 링크
전봉근	2007. 04.03.	– 6자회담은 북핵 문제 해결을 넘어 대북 경제 및 에너지 지원, 북 · 미와 북일 간 수교, 동북아 평화 안보 체제까지 협상의 폭을 넓히고 있음. – 6자회담에서 북핵 문제 해결에 주력하되, 동북아 평화 체제 구축에 최선을 다하면서 선순환 작용을 일으켜야 함. https://www.bigkinds.or.kr/v2/news/newsDetailView.do?newsId=01100101.20070403100005067	경향 신문 링크

안희창	2007. 03.21.	– 이번 6자회담 BDA 협상에서 북한 자금 동결 해제 규모에 대한 북·미 간 막판 갈등이 있었지만, 중국의 탕자쉬안 국무위원과 미국 국무부의 조정에 힘입어 양측은 전례 없이 적극적인 태도를 보여 자금 동결 전액 해제에 합의함. – 한국은 이 기회에 북핵의 완전한 폐기를 얻어내고 북·미 수교와 북한의 개혁개방, 나아가 남북 관계의 진전을 모색해야 할 것임. https://www.bigkinds.or.kr/v2/news/newsDetailView.do?newsId=01100901.20070321130611001	중앙일보 링크
유호열	2007. 04.15.	– 2.13 합의가 기한 내에 완료되지 못한 이유는 북한, 미국, 한국에 있음. 본격적인 핵 폐기에 앞서 초기 단계에서부터 미국, 한국 등이 원칙 없이 조급하게 행동하면 북핵 폐기 과정이 험난해질 것임. 한국과 미국은 탈정치적, 탈 정권 차원에서 북핵 문제를 차분히 해결해야 함. https://www.chosun.com/site/data/html_dir/2007/04/15/2007041500378.html	조선일보 링크
백학순	2007. 07.17.	– 북한이 2.13 초기 조치 합의에 따라 영변 핵시설 가동을 중단했음. 즉 핵무기 제조용 플루토늄 축적이 더 이상 불가능하게 되어 9.19 공동성명과 2.13 합의의 1차적 목표가 달성됨. – 6자회담 참여국들은 이번 이행 조치를 통해 의심을 떨치고 북핵 문제를 해결할 수 있다는 확신을 가져야 함. https://www.bigkinds.or.kr/v2/news/newsDetailView.do?newsId=01100101.20070717100022921	경향신문 링크

전성훈	2007. 07.17.	– 북한이 5메가와트의 원자로 가동을 중단하여 플루토늄 추가 생산을 일시 멈췄지만, 북한은 BDA 문제를 핑계로 2.13 합의 이행을 5개월이나 지연시켰음. 원자로 가동 중단이 핵 폐기 의지의 표현인지 기술적인 문제인지에 대해서도 검토가 필요함. 핵시설 폐쇄 이후의 불능화 단계가 어떻게 이행될 것인지에 대한 합의도 필요함. – 북핵 폐기는 시일이 걸릴 것이므로 6자회담만이 문제 해결의 유일한 수단이 아님을 인식하고 북한 핵무기에 대한 대응책을 마련해야 함. https://www.chosun.com/site/data/html_dir/2007/07/17/2007071700907.html	조선 일보 링크

요약

북핵 문제를 둘러싼 6자회담에 대한 자문위원들의 안보정향은 유화적인 입장이 다수였다. 총 27건의 글 중에서 유화론이 6건, 신중한 유화론이 14건, 신중론이 5건, 신중한 강경론이 2건으로 나타났다.

노무현 정부 초기에 시작된 6자 회담이 임기 말(2008년 12월 제6차 6자회담 3차 수석대표회의)까지 이어지면서 9·19 공동성명과 2·13 합의 등 북핵 해결에 관한 다자간 합의의 성과들이 긍정적인 평가를 받았다고 볼 수 있다. 북의 1차 핵실험에도 불구하고 전문가들의 유화론적 정향은 지속되었다. 하지만 노무현 정부 말, 북의 2·13합의 사항 이행이 지연되면서 강경론들도 제기되었다.

그들은 6자회담의 결과와 그 효과에 대해 문제를 제기하고 강경한 대응책을 요구했다.

〈표 4-2〉 노무현 정부 이후 6자 회담 평가

필자	일자	논지	자료 종류
양무진	2008. 12.05.	- 곧 개최될 6자회담 수석 대표 회의에서 2단계 조치의 마무리에 초점이 맞춰질 것으로 예상됨. - 이번 회담에서 검증의정서가 채택되고 조속한 시기에 검증 이행계획서가 마련된다면 북핵 해결의 동력은 탄력을 받을 것. https://www.bigkinds.or.kr/v2/news/newsDetailView.do?newsId=01100101.20081205100010046	경향 신문 링크
김근식	2009. 01.30.	- 북한과 미국은 6자회담 진전 의사를 밝히며 협상을 통한 북핵 해결에 동의하고 있음을 드러냄. 북핵 문제의 해결 방식은 모두 9.19 공동성명에 명시되어 있음. - 북한이 핵을 포기하지 않을 것이라는 미국의 우려나, 미국이 대북 적대 정책을 포기하지 않을 것이라는 북한의 의심은 9.19 공동성명을 돌이켜봤을 때 기우에 불과함. https://www.bigkinds.or.kr/v2/news/newsDetailView.do?newsId=01100901.20090130141701002	중앙 일보 링크
강인선	2009. 06.24	- 이명박 대통령이 제안한 새로운 북핵 해법인 '5자 회동 후 미 · 북 대화' 구도에 대한 6자회담 참가국들의 반응이 회의적으로 나타나고 있음. 6자 회담국들의 계획이 서로 다름.	조선 일보 링크

안희창	2010. 01.04	– 북한이 내미는 손을 낚아채 끌어들이면서 북핵 폐기를 요구하는 것이 남북 관계의 장래를 감안할 때 바람직함. – 한반도에 뭔 큰일이 벌어졌는데 한국이 손 놓고 있을 수밖에 없는 상황은 막아야 함. 이를 위해 북한이 6자회담에 나올 때와 그렇지 않을 때를 상정해 인도적 지원을 포함한 구체적인 대북 개입 전략을 미리 강구해 두어야 함.	경향 신문 링크

요약

노무현 정부 이후 6자회담은 후속 회의 혹은 조치들이 유지되었다. 그러한 상황 속에서 북한과의 핵 협상을 구체적으로 추진하기를 바라는 유화론이 비교적 다수 제기되었다. 총 4건의 글 중에서 유화론이 2건, 신중한 유화론이 1건, 신중론이 1건으로 나타났다.

2 대북 송금과 특검

개요

김대중 정부에서 2000년 남북정상회담을 대가로 북한에 불법 송금을 했다는 의혹이 일었고 이에 대한 특검과 재판이 진행되었다. 대법원의 판결로 대북 송금은 불법으로 판단되었다. 이와 관련하여 현대그룹의 정몽헌 회장은 자살을 하고 박지원 대통령 비서실장, 임동원 국정원장 등이 실형을 받고 복역하였으나 2007년 말 특별사면되었다.

긍정론은 대북 송금 특검이 한국의 안보에 긍정적이며 대북 송금은 불법이라는 입장이다. 부정론은 남북 관계의 특수성이 인정되어야 한다거나 대북 송금 특검이 한국의 안보에 부정적 영향을 미쳤다는 입장이다. 물론 긍정론과 부정론 사이에서 미온적 혹은 중도적인 입장을 취하는 의견도 있었다.

〈표 4-3〉 대북 송금 특검 평가

필자	일자	논지	자료 종류
김재홍	2003. 02.06.	- 남북정상회담 시기 대북 송금의 절차와 과정을 민주적인 방식이 아닌 비공개적으로 실시한 부분을 인정해야 함. 그리고 정부나 기업이 비공개적으로 시행한 대북 사업을 공개해야 함. - 북측은 대북 송금에 대해 현대에서 약속했던 대북 투자라고 일축하고 있음. 현대의 대북 사업은 정부의 일관성 없는 대북정책에 의해 10년간 실현되지 못했음. 대북 송금 사건은 특검 수사로 규명해야 함. https://www.bigkinds.or.kr/v2/news/newsDetailView.do?newsId=01100101.20030206000000601	경향 신문 링크

고유환	2003. 03.18.	- 노무현 대통령은 대북 비밀 송금 사건의 진상 규명을 위한 특검 도입법안을 원안대로 수용함. 지난 정부의 남북 관계 진전 노력의 상당 부분이 사법 심판의 대상이 됨. 특검 과정에서 북한과의 거래가 부정한 거래로 규정될 경우 남북 관계가 경색될 가능성이 있음. - 대북 송금 시기가 남북 관계가 정상화되기 전이라는 특수한 상황과 남북 관계의 특수성 등을 고려하여 특검법안을 개정해야 함. https://www.bigkinds.or.kr/v2/news/newsDetailView.do?newsId=01100101.20030318000000701	경향 신문 링크
김경원	2003. 06.08.	- 6 · 15 남북정상회담은 대북 송금을 선행조건으로 이뤄졌음. 이는 회담 자체를 흥정의 대상으로 만들어 일종의 상거래 패턴을 설정해 놓는 결과를 가져옴. - 남한은 상당한 돈을 지불할 정도로 북한과의 정상회담을 원하고 있다는 인식을 심어줌으로써 이후의 정상회담을 어렵게 만들었음. https://www.bigkinds.or.kr/v2/news/newsDetailView.do?newsId=01100901.20030608153627001	중앙 일보 링크
김근식	2007. 08.21.	- 대북 송금 특검으로 앞으로 정상회담을 통해 북한에 대가를 지불할 수 없다는 구조적 원칙을 세울 수 있었음. https://www.bigkinds.or.kr/v2/news/newsDetailView.do?newsId=01100101.20070821100061985	경향 신문 링크

요약

대북 송금 특검과 관련된 정부의 정책에 대하여 긍정론이 비교적 많았다. 긍정론 3건과 미온적 긍정론 1건이 제기되었다. 노무현 정부 초기 미온적 부정론(고유환)도 제기되었지만, 대북 송금이 불법이라는 법원의 판결이 이루어진 이후에는 긍정론만 2건(김경원, 김근식)이 제기되었다.

3 남북정상회담과 10·4선언

◇ 개요

2007년 10월 노무현 대통령과 김정일 국방위원장은 남북정상회담을 가졌고 10 · 4 선언에 합의했다. 하지만 노무현 대통령의 퇴임을 5개월 앞두고 추진되었다는 점에서 정상회담의 성과는 논쟁의 여지가 있었다. 이에 대하여 자문위원들도 다양한 평가를 나타냈다.

긍정론은 노무현 정부 남북정상회담의 성과와 효과에 대해 북핵 문제 해결, 남북 관계 등의 차원에서 긍정적으로 평가하는 입장이다. 부정론은 임기가 얼마 남지 않고 추진된 노무현 정부 남북정상회담의 성과를 부정적으로 평가하는 입장이다. 그리고 미온적 입장은 노무현 정부 남북정상회담의 성과와 효과에 대해 미온적 혹은 유보적 입장을 의미한다.

자문위원들의 안보정향을 노무현 정권 당시 〈표 4-4〉와 사후 시기 〈표 4-5〉로 구분해 정리하면 다음과 같다.

〈표 4-4〉 남북정상회담과 10·4 선언 평가

필자	일자	논지	자료 종류
김경수	2007	-(남북정상회담을 개최한지 약 한 달 후) 그동안 남북한은 평화를 구현하기 위한 아이디어나 수단, 기술이 부족해서 긴장 관계가 지속된 것이 아님. 이미 합의한 약속 사항을 지킬 정치적인 의지가 없었기 때문이라고 할 수 있음. 따라서 이번 정상회담에서의 합의는 물론, 각종 후속회담과 관련 조치를 실천에 옮기는데 배전의 노력을 경주해 나가야 할 것. https://www.kci.go.kr/kciportal/ci/sereArticleSearch/ciSereArtiView.kci?sereArticleSearchBean.artiId=ART001221256	통일정책 연구 링크
이종석	2007. 10.05.	- 10.4선언은 6 · 15 이후 화해 협력의 관계로 발전해 오면서도 여전히 불안 요인으로 남아있던 안보 위협을 해소하고 남북공영의 실질적인 협력의 길을 열었음. https://www.bigkinds.or.kr/v2/news/newsDetailView.do?newsId=01101001.20071005100003196	한겨레 신문 링크
김근식	2007. 10.06.	- 이번 정상회담은 차분한 분위기 속에서 진행되었고 실제 회담도 실용적인 합의점을 찾는 회담으로 변모함. 이제 남과 북 모두 들뜬 분위기가 아니라 차분하고 실리적인 입장에서 미래의 통일 과정을 준비해야 할 때임.	경향 신문 링크

		- 10.4선언으로 남북 관계 발전의 총론적 내용과 구체적 사업 아이템도 구체적으로 명시. https://www.bigkinds.or.kr/v2/news/newsDetailView.do?newsId=01100101.20071006100002958	
이대근	2007. 10.10.	- 남북정상회담으로 서로의 내부 문제에 간섭하지 않겠다는 선언문을 발표함. 북한이 "한나라당이 집권하면 전쟁 난다"는 공세를 펼 때 한나라당은 내정간섭이라며 국무총리에게 적절한 조치를 취할 것을 요구한 적이 있었고, 정부는 '적절한 조치'라고 하기에 손색없는 대책을 내놓은 셈. https://www.khan.co.kr/article/200710101805161	경향 신문 링크
안병민	2007.11.	- 2007년 남북정상회담에서 합의된 개성-신의주 간 철도 개건 사업이 추진되면서, 북한의 신의주-평양-사리원-평산으로 이어진 중심축 철노반, 교량, 터널 등 현대화가 추진될 것.	통일 시대 959
김근식	2007. 11.09.	- 남북은 정상회담 합의문에 "종전을 선언하는 문제를 추진하기로" 명시해 놓았음. 공식 합의문에 종전선언이라는 개념이 적시되어 있는 만큼 한국 정부는 합의사항 이행이라는 차원에서도 실질적 추진 노력을 기울일 수밖에 없음. - 미국, 북한도 어느 정도의 조건 하에서 종전선언 협상에 임할 여지가 존재함. https://www.bigkinds.or.kr/v2/news/newsDetailView.do?newsId=01100101.20071006100002958	경향 신문 링크
조성렬	2007. 11.17.	- 10.4 정상선언은 남북 관계 발전의 전체 방향을 제시하였다면, 총리회담 합의서는 1단계 이행 로드맵에 관한 내용을 담고 있음.	경향 신문 링크

		– 이번 합의서에서 제도적 틀과 구체적인 경협 사업에 착수하기로 한 것은 '10 · 4 정상 선언' 이행의 첫발을 내디딘 것임. 차기 정부 성격과 관계없이 남북 관계를 안정적으로 유지하려는 남북한 당국자들의 의지가 일치된 결과임. https://www.bigkinds.or.kr/v2/news/newsDetailView.do?newsId=01100101.20071117100006175	
김근식	2007. 12.20.	– 노무현 후보의 당선으로 5년 동안 남북 관계는 북핵에도 불구하고 지속되었고 북 · 미 간 극단적 대결 상황에서도 한반도 정세는 안정적으로 관리됨. 북 · 미 양자협상의 시작으로 북핵 문제가 실질적 진전을 이루었고 2차 남북정상회담까지 성사됨. https://www.khan.co.kr/article/200712192237221	경향 신문 링크

요약

2007년 남북정상회담과 10 · 4선언에 대한 자문위원들의 안보정향은 대부분 긍정적인 경향을 보였다. 총 8건의 글 중에서 긍정론이 7건, 미온적 입장이 1건으로 나타났다. 긍정론 논자들은 10 · 4선언이 남북 관계, 종전선언, 내정불간섭, 철도 협력 사업 등 각 분야에서 한반도에 긍정적인 영향을 미쳤다고 평가했다. 반면 1건의 미온적 입장(김경수)은 그동안 남북한 간의 합의를 살펴보고, 합의의 내용보다는 그것을 실천에 옮기는 것이 더 중요하다고 강조했다.

〈표 4-5〉 노무현 정부 이후 10·4 선언 평가

필자	일자	논지	자료 종류
김근식	2008. 05.01.	– 지금의 남북 관계 경색은 기존 합의사항 계승을 중요하게 생각한 북한과 기존 대북정책 변경을 정권 교체의 핵심으로 간주한 이명박 정부 간의 대결임. – 이 대통령이 남북 관계의 뿌리로 강조했던 기본합의서는 6 · 15와 10.4 선언을 통해 현실화되었음. 이명박 정부는 10 · 4 선언을 계승하여 남북 관계를 풀어나가야 함. https://www.bigkinds.or.kr/v2/news/newsDetailView.do?newsId=01100101.20080501100004043	경향 신문 링크
김근식	2008. 10.03.	– 10 · 4 선언에서 합의한 남북협력사업은 장차 경협의 질적 발전을 가능하게 하고 군사와 경제가 병행하는 평화경제론의 실험 모델이었음. – 현재 이명박 정부는 전 정부의 대북정책과 단절하기 위해 10 · 4 이행을 지체하고 있음. 핵실험에도 지속되었던 금강산 관광은 중단되었고, 이미 합의한 개성공단 3통 문제도 흐지부지되고 있음. https://www.bigkinds.or.kr/v2/news/newsDetailView.do?newsId=01100101.20081003100004856	경향 신문 링크
김용호	2009. 03.02.	– 10 · 4 합의는 남북한 간의 합의가 국회의 동의 없이 발효되는 것은 원칙에 어긋난 것임. 국회의 동의가 없었기 때문에 10 · 4합의가 정권의 이익을 위한 합의에 불과하다고 비난받게 되는 것임.	조선 일보 링크

양무진	2011. 07.13.	- 노무현 정부의 평화번영정책은 9 · 19 공동성명을 이끌어 내는 등 나름대로 진전이 있었지만, 핵실험과 NLL 무력화 등 북한의 도발적 행동과 남남갈등, 때늦은 남북정상회담 추진으로 빛이 바램. https://www.khan.co.kr/article/201107131946475	경향 신문 링크
김근식	2011. 10.01.	- 노무현 정부는 6자회담에서의 적극적 역할로 북 · 미 협상 견인과 2 · 13 합의를 도출함. 10 · 4 정상선언은 남북 간 신뢰를 꾸준히 축적함으로써 도출될 수 있었음. - 대북 압박과 강경으로 일관해 온 이명박 정부는 남북정상회담을 추진할 생각을 하지 말고 10 · 4 선언 이행부터 시작해야 함. https://www.bigkinds.or.kr/v2/news/newsDetailView.do?newsId=01100101.20111001100000323	경향 신문 링크

요약

노무현 정부 이후 자문위원들은 2007년 남북정상회담과 10 · 4 선언을 긍정적으로 평가하는 경향이 다소 강했다. 총 5건의 글 중에서 긍정론이 3건, (미온적) 부정론이 2건으로 나타났다.

긍정론에서는 10 · 4 선언의 긍정적 측면을 언급하며 이명박 정부에서 10 · 4선언을 계승, 이행할 것을 촉구했다. 김근식 교수가 3건의 글을 통해 지속적으로 10 · 4 선언을 긍정적으로 평가했다. 반면 부정론에서는 시기가 늦었다고 판단하거나(양무진) 국회의 동의가 없었다는 점에서(김용호) 노무현 정부의 정상회담을 부정적으로 평가했다.

노무현 정부 총평

노무현 정부 시기에 언론을 통해 드러난 자문위원들의 안보정향은 대체로 정부의 대북정책에 동조하는 경향이 많았다. 이는 정부 임기 내의 결과물(6자회담 결과물, 대북 송금 대법원판결 등)과 정부의 강력한 언론개혁 추구의 결과 등의 요인이 작용한 것으로 추정해 볼 수 있다. 정부의 임기 말에 비판적인 의견들이 제기되기 시작했다.

우선 대북송금 특검은 노무현 정부 임기 중 자문위원들 간에는 특검의 취지와 결과(대법원판결) 등에 따라 대북 송금이 불법이며 남북 관계에 부정적이라는 안보정향이 더 많았다. 그리고 6자회담은 9.19 공동성명과 2.13 합의 등 6자 회담의 성과들이 긍정적인 평가를 받았다고 볼 수 있다. 다만 임기 말 북의 2.13합의 사항 이행이 지연되면서 강경론(북핵 문제 강경 대응)들도 제기되었다. 끝으로 노무현 정부의 남북정상회담과 10.4선언 관련해 자문위원들은 긍정적인 평가가 많았다. 긍정론자들은 10.4선언이 남북 관계, 종전선언, 철도 협력 사업 등 한반도 안보에 긍정적인 영향을 미쳤다고 평가했다. 하지만 10.4 합의의 시기가 늦었으며 이행의 어려움 등을 이유로 부정적으로 판단하는 자문위원들의 의견도 제기되었다.

제5장

이명박 정부

제5장 이명박 정부

이명박 대통령의 재임 기간은 2008년 2월~2013년 2월로서 집권 초기에 별칭은 '실용정부'였다. 보수 진영의 정권 교체를 달성했으며 실용주의와 경제 성장, 자원외교 등 국정 운영에서 경제 발전 정책에 가장 큰 방점을 두었다. 그 결과 2008년 미국발 금융위기에 성공적으로 대처하여 조기에 위기를 극복하는 성과를 거뒀다. 하지만 2008년 미국발 금융위기로 인하여 경제 성장이

둔화되었고, 소득분배 개선에 소극적이라는 평가도 있었다. 이명박 정부는 대미 관계에 역점을 두었고 부시 정부 때부터 존재했던 갈등을 해결하고 미국과의 관계를 회복하는 성과를 거두었다. 남북 관계 차원에서는 북의 핵 포기를 전제한 '비핵 개방 3000'을 추구했지만 실현되지 못했다. 그리고 북은 이명박 정부 임기 내에 2차, 3차 핵실험을 단행했으며(8장 참고), 남북한 간에는 주로 부정적인 안보 이슈들이 발생했다. 대표적으로 금강산 관광객 피살사건과 천안함 폭침, 연평도 포격전, 개성공단 사업중단 등을 들 수 있다. 이들 이슈는 북이 촉발한 사건이라는 공통점이 있다.

1 금강산 관광객 피살사건 대응

개요

2008년 7월 11일 금강산 관광지구에서 한국의 한 관광객(故 박왕자 씨)이 북한 군인의 총격에 의해 피살되었다. 이와 관련해 남북한 당국은 서로에게 책임을 전가했고 북측에서 남측의 진상 조사 요구를 불허하며 금강산 관광을 중단했다. 금강산 관광객 피살사건과 금강산관광 사업중단에 대하여 한국이 남북 관계와 한반도 안보를 고려하는 차원에서 어떻게 대응하는 것이 좋을지에 대한 자문위원들의 안보정향은 다양하게 나타났다.

즉, 북한의 도발에 대하여 금강산관광 사업이 한국의 안보 상황에 미치는 긍정적인 영향과 관광 사업의 재개를 주장하는 포용적인 입장과 북측의 사과와 재발 방지 대책 등이 선행되지 않은 채 금강산 관광 사업의 재개를 부정적으로 판단하는 강경한 입장이다. 상황에 신중하게 대응하자는 유화론과 강경론의 중간적 입장을 취하는 신중한 태도도 있었다.

〈표 5-1〉 금강산 관광객 피살사건 평가

필자	일자	논지	자료 종류
고유환	2008. 11. 19.	- 남북 화해의 상징으로 여겨지던 금강산 관광 10주년을 맞았지만, 관광객 피살사건으로 중단된 지 4개월이 넘었음. 금강산 관광 사업의 중단으로 당국 대화가 이뤄지지 않고 있으며 민간 교류 협력마저 중단되면 남북 모두에게 부담이 되고 있음. - 남북 갈등은 북 · 미 간 적대관계 해소에 도움이 되지 않을 것임. https://www.bigkinds.or.kr/v2/news/newsDetailView.do?newsId=01100101.20081119100003708	경향 신문 링크
이종석	2010. 02. 01.	- 이명박 정부 2년 동안 금강산 관광객 피살, 개성공단 근로자 억류 등 여러 차례 남북 관계를 경색시키는 사건이 발생함. 당국자들의 불필요한 대북 강성 발언과 부주의한 대북 문제 접근은 북한에 수시로 빌미로 제공되고 있음. - 적대적인 남북 관계가 지닌 위험성을 간과하고 서로 헐뜯고 군사적으로 맞대응하는 것은 대북 정책이 아님을 인지해야 함. https://www.bigkinds.or.kr/v2/news/newsDetailView.do?newsId=01101001.20100201100001775	한겨레 신문 링크

조성렬	2010. 03.	– 박왕자 씨 피격 사망계기로 금강산관광을 중단시켰고 북한의 공식 요청이 없는 식량 및 비료 지원도 거부함. 북측은 '코리아 디스카운트'를 우려한 남한 내 여론을 활용해 우리 정부의 대북정책 전환을 시도하는 셈임.	통일 시대
안희창	2012. 03.02.	– 이명박 대통령은 2008년 7월 11일 국회 개원 연설을 통해 10.4 선언에 대한 부정적인 시각에서 한발 벗어나 대화 의지를 표명하였음. – 남측은 지난 20년간 대북정책에서 강경과 유화를 모두 구사해보았음. 이제는 '유화'에 토대를 둔 일관성 있는 대북정책을 구사해야 할 때임. 대북 강경정책으로 일관하면 아무것도 얻을 수 없음. 북한의 도발에는 강력 응징하되 그렇지 않은 경우에는 대화와 개입 전략으로 나가야 함. https://www.bigkinds.or.kr/v2/news/newsDetailView.do?newsId=01100901.20120302085508003	중앙 일보 링크
정영태	2015. 08.31.	– 북한군에 의한 박왕자 씨 피살에 대한 사과와 재발 방지 약속 없이 금강산 관광 사업을 재개하기는 어려울 것임. – 남북 간의 본격적인 교류와 협력을 위해서는 북한 당국의 적극적이고 긍정적인 결단이 우선되어야 함. 한국 정부는 향후 남북 관계 개선과 관련한 대화 및 협상에 차분하고 체계적으로 임해야 함. https://www.chosun.com/site/data/html_dir/2015/08/30/2015083002276.html	조선 일보 링크

요약

〈표 5-1〉에 나타난 바와 같이 금강산관광 사업 재개에 관한 자문위원들의 전반적인 안보정향은 신중하면서도 유화론적인 입장에 가까웠다. 예컨대 신중한 유화론은 남북한의 중요한 협력 사업이었지만 민간인이 피격·사살되었다는 충격적인 사실을 인식하면서도 남북 관계의 전환을 위해 금강산관광 사업의 재개를 주장했다. 반면 강경론도 있었던 것으로 우리의 대북정책 전환을 시도하는 북한의 의도에 단호한 태도를 주장했다.

2 천안함 폭침과 연평도 포격전

개요

2010년 3월 한국 해군의 초계함이 북한의 어뢰에 의해 폭침된 사건으로 해군 장병 46명이 전사하였고 58명이 구조된 사건으로 남북 관계는 급격히 냉각되었다. 이후 한국 정부가 구성한 합동조사단은 천안함 폭침이 북한의 소행이었다는 조사 결과가 발표되었지만 일각에서 음모론이 제기되기도 했다. 그리고 한미연합훈련 등 천안함 폭침에 관한 한국의 대응에 반발해 북한은 같은 해 11월 연평도 포격전을 일으켰다. 이러한 과정에서 한국이 북한에 어떻게 대응해야 할 것인지에 대하여 무력도발을 감행한 북한에 대해 대화와 협상을 통한 유화적 대응을 주장하는 유화론적인 입장과 반대로 우선 북한으로부터 사과를 받아야 하며 북한의 소행에 강력한 대응을 주문하는 강경론적인 입장으로 나뉘었다. 그 과정에서 중도적인 유화론과 강경론 사이의 신중한 접근과 정책을 일부 취하기도 했다.

〈표 5-2〉 천안함 폭침과 연평도 도발 평가

필자	일자	논지	자료 종류
류길재	2010. 04.14.	- 천안함 사건의 원인 규명이 분명해지기 전까지 한국 정부는 어떤 행동도 취하기 어려움. - 한국 정부는 남북 관계를 정상화하겠다는 원칙을 견지해야 함. 금강산 관광 재개의 요구 조건을 분명히 하고 만일 천안함 사건이 북한에 의한 것임이 드러난다면 지체없이 관광을 중단하고 남북 관계를 재고하면 됨. https://www.bigkinds.or.kr/v2/news/newsDetailView.do?newsId=01100101.20100414100000120	경향 신문 링크
윤영관	2010. 04.25.	- 천안함 침몰 사건이 북한 소행이라는 것이 밝혀진다면 우리 정부는 단호하면서 신중한 대응책을 실시해야 함. - 무력 보복이 아닌 천안함 사건의 야만성을 부각시켜 국제사회에 알리고 여론을 우리 편으로 끌어와야 함. 이를 통해 무력 사용 없이도 북한 당국자를 후회하게 만들고 다시는 도발하지 못하도록 만들어야 함. https://www.chosun.com/site/data/html_dir/2010/04/25/2010042501193.html	조선 일보 링크

이대근	2010. 04.29.	- 한국 정부는 천안함 침몰이 북한의 소행이었으면 하는 간절함을 넘어서 확신하고 있음. 그 확신은 군사적 조치, 국제 제재, 전시작전통제권 환수 연기, 북한인권법 제정과 같은 반응으로 나타남. 북한의 금강산 부동산 동결 및 몰수까지 겹쳐 남북한 긴장이 높아지고 있음. - 남북 간 충돌 예방을 위해 대화에 응해야 함. https://www.bigkinds.or.kr/v2/news/newsDetailView.do?newsId=01100101.20100429100000064	경향 신문 링크
조동호	2010. 05.17.	- 천안함 사건의 배후는 북한일 것이나 한국 정부는 군사적 대응을 가급적 피해야 함. 대북 응징보다 남북 관계의 관리가 더욱 중요함. 군사적 조치는 한반도의 급격한 긴장 고조로 이어질 수 있음. - 남북경협 중단도 신중해야 함. 경협 중단이 북한을 제재하는데 효과적인지 고려해야 함. https://www.bigkinds.or.kr/v2/news/newsDetailView.do?newsId=01100901.20100517163703001	중앙 일보 링크
김근식	2010. 05.25.	- 이명박 대통령이 천안함 사태를 북한 도발로 공식 규정하고 경제와 군사, 외교 부문에서 대북 압박과 제재를 추진하겠다고 발표했음. - 공식적인 북한과의 전면적 교류중단은 한반도 긴장 고조를 막을 안전판이 사라진다는 위험성을 안고 있음. 정부는 북한의 도발을 알지도 막지도 못했으며 실질적인 제재 수단도 없이 정서적으로 강경한 대응만을 부추기고 있음. https://www.bigkinds.or.kr/v2/news/newsDetailView.do?newsId=01100101.20100525100000148	경향 신문 링크

이대근	2010. 05.26.	– 천안함 사건으로 인한 남북의 적대적 관계는 양측 지도자 모두에게 이득으로 작용하고 있음. – 남북의 적대적인 관계가 정치적으로 유리하기 때문에 두 지도자는 화해 국면으로 바꾸기 위해 무리할 필요가 없음. 그러나 이러한 대결은 지속 가능하지 않음. https://www.bigkinds.or.kr/v2/news/newsDetailView.do?newsId=01100101.20100526100003852039	경향 신문 링크
차두현	2010. 05.27.	– 천안함 침몰 사건에 대한 대통령 담화가 발표됨. 우리는 담화에 담긴 대북 메시지를 실질적인 조치로 구현하고 북한에 자신들의 행위로 인한 인과응보가 얼마만큼 가혹한가를 절감하게 해야 함. – 현시점부터 가능한 조치들의 조기 시행으로 북한을 압박하고, 북한을 잠재적으로 후원할 수 있는 세력들과의 외교적 거래 수단을 확보해야 함. https://www.bigkinds.or.kr/v2/news/newsDetailView.do?newsId=01100901.20100527165323002	중앙 일보 링크
양무진	2010. 06.03.	– 천안함 침몰 사건에 대한 대통령 담화가 발표되어 남북 교류 협력이 전면 중단됨. 북한도 남북 관계의 전면 폐쇄와 불가침 합의 전면 파기, 남북협력사업 전면 철폐로 대응하였음. – 천안함 사건 원인 규명 이후 이명박 정부의 대북 봉쇄정책은 어떠한 출구전략도 보이지 않음. 남북한의 대치 국면은 안보 불안을 가중시키고 이는 경제 불안으로도 이어질 수 있음. https://www.bigkinds.or.kr/v2/news/newsDetailView.do?newsId=01100101.20100603100000083	경향 신문 링크

고유환	2010. 06.	- 천안함 사건 주범이 북한으로 발표되며 대남 강경책 대책을 마련하지 못한 정부가 향후 강력한 군사 대응, 경제교류 전면 중단 결정 발표함. - 만성적인 경제난 지속에 로켓 발사와 핵실험 이후 유엔 차원 대북 제재의 전면화로 경제위기가 심화된 북한이 천안함 침몰 연루로 위기는 더욱 심화될 것임.	통일 시대 2000~ 2001
고유환	2010. 06.07.	- 6.2 지방선거 결과를 통해 남북 화해 협력을 희망하는 여론이 대두되며 천안함 사태 이후 대북 강경기류가 변화될 여지가 보임. 정부는 남북 관계를 정상화해야 한다는 요구를 무시하기는 어려울 것임. - 천안함 사태가 장기화될 경우 북한이 핵 능력을 향상시킬 수 있는 시간을 벌어주게 될 가능성이 있음. 대북 강경책은 북한 경제를 악화시킬 수는 있어도 북한의 권력승계와 내부통제를 강화하는 데 유리하게 작용할 수 있음. https://www.bigkinds.or.kr/v2/news/newsDetailView.do?newsId=01100901.20100607170835002	중앙 일보 링크
이종석	2010. 06.15.	- 천안함 조사 결과 발표를 계기로 한국 정부는 그동안의 남북 간 군사적 긴장 완화와 교류 협력 증진을 위한 합의문들은 한순간에 파기함. 남북 충돌을 제어할 장치가 사라졌고 남한 정부의 주도적인 평화 관리 능력도 소멸됨. 이에 북한은 강경 대응하며 극한 게임에 돌입하였음. - 여권은 북풍몰이를 통해 지방선거에서 압도적인 승리를 얻고자 했지만, 민심은 북풍을 거부했음. 남북 당국은 위험한 치킨게임을 멈추고 파기된 남북 간 합의를 되살려야 함.	한겨레 신문 링크

		https://www.bigkinds.or.kr/v2/news/newsDetailView.do?newsId=01101001.20100615100000122	
문정인	2010. 08.10.	– 한국의 천안함 외교로 한반도 긴장이 고조되고 있음. 천안함 사태의 해결책으로 한미가 동해에서 사상 최대 규모의 한미 연합 훈련을 실시함. 이로 인해 미국과 중국의 갈등이 커지고 있음. – 미 · 중 간 파워 게임 속에서 한국의 입지가 줄어들고 있으며 이명박 정부의 친미 외교로 인해 한중 관계가 악화되고 있음. https://www.bigkinds.or.kr/v2/news/newsDetailView.do?newsId=01100101.20100810100000005	경향 신문 링크
전재성	2010. 08.24.	– 천안함 사태 이후 한국 정부의 조치들에 대해 북한은 군사적 맞대응도 불사하겠다는 의지를 드러냄. – 천안함 사태로 북한의 미래에 대한 주변국 간 대화 및 합의가 없을 때, 한반도가 미 · 중 간 패권 경쟁의 장으로 변화하는 것을 목격함. 미국의 전략적 인내 정책도, 중국의 북한 감싸안기 정책도 변화하는 북한에 대한 장기적인 대비책이 될 수 없음을 인지시켜야 함. https://www.bigkinds.or.kr/v2/news/newsDetailView.do?newsId=01101001.20100824100000110	한겨레 신문 링크
이종석	2010. 09.28.	– 이명박 정부는 천안함 문제가 해결되지 않고는 6자회담 재개가 불가능하다는 태도를 취하고 미국의 동의를 얻어냄. 정부의 대북정책 기조가 북핵 우선에서 남북 관계 우선으로 바뀌어 혼란이 가중됨.	한겨레 신문 링크

		- 이명박 정부는 대북정책을 바꾸어 적극적으로 남북 관계를 개선하고 북핵 문제 진전에 역동적 주체로 나서야 함. https://www.bigkinds.or.kr/v2/news/newsDetailView.do?newsId=01101001.20100928100000138	
양무진	2010. 11.25.	- 북한이 서해상 남측 영토에 조준 포격하는 군사 도발을 감행함. 북한의 무력도발에 강력히 대응하는 것도 중요하지만 상황이 악화되지 않도록 안정적으로 관리해 나가는 노력이 필요함. https://www.bigkinds.or.kr/v2/news/newsDetailView.do?newsId=01100101.20101125100000127	경향 신문 링크
김근식	2010. 11.29.	- 연평도 사태 이후 군사력 증강과 무기체계 강화라는 대응만 해서는 안 됨. 국가 안보는 도발을 억지하는 군사적 차원과 함께 갈등과 분쟁을 해소해 내는 관계적 차원으로 동시에 접근해야 함. - 우리는 군사적 차원의 대응조치와 한반도 평화체제라는 항구적이고 포괄적인 해법을 포기해서는 안 됨. https://www.bigkinds.or.kr/v2/news/newsDetailView.do?newsId=01100101.20101129100000165	경향 신문 링크
정욱식	2010. 12.02.	- 북한의 연평도 공격에 강력 대응하기 위해 정부가 전방위적인 군비확장에 나서고 있음. 안보를 위한 군비확장은 상대방의 반작용을 야기해 오히려 안보를 위태롭게 만들게 됨. 남북한은 치킨게임을 멈추고 안보딜레마를 해소하기 위한 대화에 나서야 함. https://www.bigkinds.or.kr/v2/news/newsDetailView.do?newsId=01100101.20101202100000109	경향 신문 링크

전성훈	2010. 12.06.	- 북한의 연평도 도발에 한미는 대규모 연합훈련으로 맞대응하였음. - 우리가 평화를 사겠다고 준 돈이 부메랑이 되어 핵과 미사일, 장사정포, 잠수함으로 되돌아온 것이 아닌지 따져봐야 함. 북한 문제로 인한 남남갈등에 종지부를 찍고 북한을 우리의 주적으로 삼아야 함. https://www.bigkinds.or.kr/v2/news/newsDetailView.do?newsId=01101001.20101206100000077	한겨레 신문 링크
문정인	2011. 01.03.	- 이명박 정부의 대북 압박은 남북 교류 단절과 무력 충돌이라는 긴장 상태를 조성함. 천안함과 연평도 사태를 계기로 한반도를 둘러싼 미 · 중 간 패권 경합이 가시화되고 있음. 안이한 기대에 기초한 기다림의 정책이 남북 관계와 한반도 안보지형의 판을 깨고 있음. - 6자회담을 재개하여 북한의 비핵화에 대한 구체적인 진전이 필요함. 그리고 남북 관계의 개선이 선행 또는 병행되어야 할 것임. https://www.bigkinds.or.kr/v2/news/newsDetailView.do?newsId=01100901.20110103221104002	중앙 일보 링크
김재홍	2011. 01.11.	- 천안함, 연평도 포격 등의 국지전 사태는 남북대화와 교류 단절의 영향을 받아 발생함. 남북대화의 단절로 상대의 군사행동이 훈련인지 공격 준비인지도 구분할 수 없게 되었음. - 6자회담과 미 · 중 정상회담에서 한반도 문제가 논의되는데도 남북 직접 대화가 열리지 않을 상황을 경계해야 함. 남북 당국은 제3차 남북정상회담을 개최해야 함. https://www.bigkinds.or.kr/v2/news/newsDetailView.do?newsId=01101001.20110111100000145	한겨레 신문 링크

이종석	2011. 01.11.	- 한국은 연평도 사태를 거치면서 한반도 상황 관리자라는 위상을 잃었으며 국제사회에는 북한과 치킨게임이나 벌이는 호전적인 분쟁당사자로 비춰지게 됨. 이명박 정부는 천안함과 연평도 사태를 한미동맹으로 풀어나가려고 함으로써 북·중 간의 관계가 긴밀해지도록 도왔음. - 이명박 정부는 기존의 잘못된 정책을 전환하여 과감하게 남북대화와 6자회담을 재개해야 함. https://www.bigkinds.or.kr/v2/news/newsDetailView.do?newsId=01101001.20110111100000069	한겨레 신문 링크
양무진	2011. 02.24.	- 남북 고위급 군사 회담 개최를 위한 군사실무회담에서 북한은 많은 절충안을 제시하며 적극적인 자세를 보였음. - 미·중 정상회담에서 북핵 문제를 안보리가 아닌 6자회담에서 논의하는 데 동의함. 한국 정부는 대북정책 전환의 시점을 놓치지 말고 대화를 통해 남북 관계를 복원해 나가야 함. https://www.bigkinds.or.kr/v2/news/newsDetailView.do?newsId=01100101.20110224100000167	경향 신문 링크
안희창	2011. 06.29.	- 미국은 북한을 향해 남북 관계 진전이 있어야 미국과의 대화가 가능하다는 입장을 드러냄. 한국의 대북정책에 대해서도 쓴소리를 내며 남북 관계 진전을 추진하라고 언급함. - 한국 정부는 북핵 문제와 천안함, 연평도 사태를 분리해서 대처하는 전략으로 선회해야 함. https://www.bigkinds.or.kr/v2/news/newsDetailView.do?newsId=01100901.20110629024403001	중앙 일보 링크

윤덕민	2011. 07.25.	– 천안함, 연평도 사건을 계기로 한국 정부는 북한이 외교적 대화를 하기 위해서는 반드시 한국이라는 출구를 거치도록 만드는 데 성공했음. 미국과 중국도 남북대화를 우선시하였음. – 한국은 강력한 군사 억제 태세를 바탕으로 3단계 접근으로 북한 상황을 안정적으로 관리해야 함. 천안함, 연평도 사건에 대한 사과 문제를 확실히 받아야 함. https://www.bigkinds.or.kr/v2/news/newsDetailView.do?newsId=01100901.20110725032707002	중앙 일보 링크
김근식	2012. 01.18.	– 연평도 포격은 정전 체제하의 군사적 교전 행위이므로 정전협정 위반으로 책임을 물을 수 있음. 천안함 관련자를 처벌하고 연평도 포격의 책임자를 처벌하기 위해 오히려 남북 관계가 작동되어야 함. – 이명박 정부는 책임자 처벌 없이 남북 관계도 없다는 태도를 보이며 한반도 문제의 객체로 전락하여 외교적 고립을 겪고 있음. https://www.bigkinds.or.kr/v2/news/newsDetailView.do?newsId=01100901.20120118075843002	중앙 일보 링크
고성윤	2021. 06.23. (사후 시기)	– 천안함 폭침에 대한 어처구니없는 일의 재발을 막으려면 정부가 나서 "천암함 폭침은 북한 소행"이라는 것은 분명하게 재천명해야 함. https://www.chosun.com/opinion/podium/2021/06/23/TWBLV2LRKZBGPMRTHAVQCJZCJ4/	조선 일보 링크

요약

천안함 폭침과 연평도 포격전에 관한 정부의 대응에 대한 자문위원들의 안보정향은 〈표 5-2〉에서 보는 바와 같이 강경론보다 유화론과 신중한 유화론이 더 많았다. 총 26건의 글 중에서 유화론이 7건, 신중한 유화론이 13건, 신중론이 1건, 강경론이 5건으로 나타났다.

시기적으로 구분해 살펴보면, 천안함 폭침 발발 초기에는 도발의 주체를 특정할 수 없으므로 신중한 안보정향(류길재, 윤영관, 조동호)이 나타났다. 주목할 점은 정부 합동조사단의 조사 결과 발표(2010.5.20.)로 북한의 소행임이 드러난 이후에도 일부 의견(차두현)을 제외하고 자문위원들은 신중론과 유화론에 가까운 안보정향을 보였다는 점이다. 신중론과 유화론적 자문위원들은 북한의 소행에는 비판적이지만 정부의 경직된 대응(5.24 조치 등)이 낳고 있는 부정적 결과들(남북대화 단절, 한중 관계 악화 등) 에 문제를 제기하는 경우가 많았다.

그리고 연평도 포격전 이후에는 강경론(전성훈, 고성윤, 윤덕민)도 신중론과 유화론만큼 많이 제기되었다.

3 개성공단 사업중단

◈ 개요

개성공단은 2000년 ㈜현대아산과 북한의 합의로 시작되었고, 2003년 개발 착수된 후 2005년부터 기업 입주 및 생산이 시작되었다. 이명박 정부 들어 개성공단 사업이 축소되기 시작했고 2010년 천안함 폭침에 대한 5.24 조치로 신규 투자가 금지되고 근로 인원이 축소되었다. 개성공단 사업의 유지 혹은 중단과 관련하여 안보정향은 개성공단이 한국의 안보 및 남북 관계 상황에 긍정적 영향을 미치기 때문에 개성공단을 계속 유지 혹은 발전시켜야 한다는 입장과 북한의 핵·미사일 개발 등 도발 행위에 맞서 개성공단은 중단되어야 하거나 개성공단의 유지는 한국의 안보에 부정적인 영향을 미칠 것이라는 주장으로 나뉘었다. 그리고 신중론은 개성공단의 유지 혹은 중단에 관해 신중을 기하는 입장이다.

〈표 5-3〉 개성공단 사업중단 평가

필자	일자	논지	자료 종류
김근식	2008. 12.11.	– 이명박 정부의 오락가락한 대북정책으로 인해 남북 관계가 급랭하고 있음. 개성관광이 문을 닫고 개성공단마저 상주 인원 축소와 통행 통관 제한으로 사실상 무력화되고 있음. 이명박 정부는 남북 관계를 사실상 파탄 내며 개성공단을 무력화시키고 있음. https://www.bigkinds.or.kr/v2/news/newsDetailView.do?newsId=01101001.20081211100000857	한겨레 신문 링크

양무진	2009. 06.26.	- 남북한은 개성공단의 계약 개정 및 안정적 발전을 위한 세 차례의 실무접촉을 하였음. - 개성공단은 유일하게 남은 남북 교류 협력의 장이며 대화 창구의 역할을 수행함. 남한 정부는 유엔안보리 회원국을 설득하여 개성공단을 제재 대상에서 제외시킨 노력이 헛되지 않도록 인내를 가지고 설득해 나가야 함. https://www.bigkinds.or.kr/v2/news/newsDetailView.do?newsId=01100101.20090626100000548	경향 신문 링크
조봉현	2010. 11.	- 북한이 수해 지원 요청, 이산가족 상봉 행사를 추진, 남북적십자회담을 제의 등 대남 유화 제스처를 취하고 있음. 김정은 후계그룹이 북한 주민들로부터 지지를 얻고 통치 현금을 확보하기 위해 대남 인도적 지원과 경협 사업에 눈독을 들이고 있음. - 북도 개성공단 등 경제협력이 필요하므로 우리도 북의 개혁개방을 유도하는 교류방안 마련해야 함.	통일 시대 2191~2194
이종석	2011. 02.01.	- 개성공단으로의 신규 투자는 중단되었지만 122개 업체가 가동 중이며 4만 6천 명의 북한 근로자가 계속 근무하고 있음. 공단 확대를 막아온 3년간 현재 개성공단에 입주한 대부분의 남한 기업은 이익을 창출하고 있음. - 정부는 개성공단 기업들이 북한 기업이 아닌 남한 기업이라는 사실을 다시금 인지하고 불안감을 조성하는 발언을 자제해야 함. 현재 가동 중인 공장들이 정상적으로 운영될 수 있도록 통제를 풀어줘야 함. https://www.bigkinds.or.kr/v2/news/newsDetailView.do?newsId=01101001.20110201100000148	한겨레 신문 링크

조봉현	2012. 01.18.	– 남북 경제협력의 물꼬를 트기 위해 5 · 24 조치 해제를 전향적 시각에서 검토해야 함. 남북한의 유일한 연결고리인 개성공단 문제를 합리적으로 해결하여 남북 간 신뢰 회복과 관계 개선의 촉매제로 활용할 필요가 있음. – 개성공단이 활성화되고 5 · 24 조치의 전면 해제, 내륙지역 남북경협 재가동, 금강산 관광 재개 등 단계별 전략으로 접근해야 할 것임. https://www.bigkinds.or.kr/v2/news/newsDetailView.do?newsId=01101001.20120118100000072	한겨레 신문 링크

요약

개성공단 사업중단과 관련된 자문위원들의 안보정향은 모두 유지 · 발전을 지향했다. 수집된 5건의 기사 모두가 그러했다. 자문위원들은 이명박 정부에서 남북 관계가 악화되고 개성공단이 끝내 중단된 것을 비판하며 남북 교류 협력의 장이자 대화의 창구로서 개성공단의 유지 · 발전을 주장하는 경향을 보였다.

이명박 정부 총평

이명박 정부 시기에 발생한 안보 이슈에서 자문위원들은 북에 대해 신중하고 유화적인 대응을 요구하는 경향이 짙었다. 안보 상황을 위협한 북의 소행을 비판하면서도 남북 관계 유지 혹은 발전을 위한 결단을 요구하는 사례가 많았다.

우선 금강산 관광객 피살사건의 경우 자문위원들의 의견은 신중론과 유화론의 입장이 많았다. 민간인이 피격 · 사살되었다는 점은 중대한 사건이지만 남북 관계의 전환을 위해 금강산관광 사업의 재개를 주장한 것이다. 반면 신중한 강경론은 우리의 대북정책 전환을 시도하는 북한의 의도에 단호한 태도를 주장했다. 천안함 폭침과 연평도 포격전의 경우 자문위원들의 안보정향은 유화론과 신중론이 비교적 많았다. 천안함 폭침 발발 초기에는 도발의 주체를 특정할 수 없으므로 신중론이 우세했고, 정부 합동조사단 조사로 북한의 소행임이 드러난 이후에도 다수의 자문위원들이 신중론과 유화론에 가까운 경향을 보였다. 하지만 연평도 포격전 이후에는 북한에 대한 강경론도 다수 제기되었다. 끝으로 개성공단 사업중단의 경우 자문위원 모두 유지 · 발전론을 주장했다. 자문위원들은 이명박 정부에서 남북 관계가 악화되고 개성공단이 끝내 중단된 것을 비판하며 남북 교류 협력의 장이자 대화의 창구로서 개성공단의 유지 · 발전을 주장하는 경향을 보였다.

제6장

박근혜 정부

제6장 | 박근혜 정부

박근혜 대통령의 임기는 2013년 2월~2017년 3월로서 박근혜 정부는 역사상 최초로 대통령 탄핵안이 통과되어 약 4년 동안 유지되었다. 박 대통령의 비선 실세로 알려진 '최순실(최서원) 게이트'가 비화되었고 2017년 헌법재판소의 판결로 대통령 탄핵이 결정되었다. 국정 기조로 경제부흥과 국민 행복, 문화융성, 평화통일 기반 구축을 내세웠다. 외교 관계에서 한미 관계를 기본으로 했지만, 중국과의 외교와 협력에도 관심을 기울였다.

대북정책에 있어서 평화통일 기반 구축과 '통일대박'론을 추구했지만, 큰 성과를 거두진 못했고 남북 관계는 오히려 악화되었다. 북한의 두 차례 핵실험(8장 참고), 사드 배치, 한일군사정보보호협정(GSOMIA) 체결, 개성공단 폐쇄 등의 이슈들이 발생했다. 이들이 남북 관계에 긍정적인 영향력을 미치지는 못했지만, 한국의 안보에 미친 영향은 그와 다르게 판단될 수 있다.

1 사드 배치

개요

2013년 한국에 사드(THAAD, 고고도미사일방어체계) 배치 논의가 시작된 이후 찬반 논쟁과 중국의 반대가 있었으나 2017년 성주 기지에 사드가 배치되었다. 이는 한국과 미국의 안보적 이해관계와 중국의 이해관계, 북한의 핵 및 미사일 개발 문제 등과 맞물려 복잡한 지정학적 이슈가 되었다. 이 과정에서 한국 내 사드 배치와 관련된 전문가들의 안보정향은 역시 다양하게 표출되었다.

우선 한국 내의 사드 배치를 찬성하거나 사드 배치가 북핵 문제 혹은 한국의 안보에 미치는 영향을 긍정적으로 평가하는 입장이다. 반대로 한국 내의 사드 배치를 반대하거나 사드 배치가 북핵 문제 혹은 한국의 안보에 미치는 영향을 부정적으로 평가하는 입장이다. 그리고 신중론은 한국 내의 사드 배치 여부에 대해 신중을 기하는 입장으로 나눠볼 수 있다.

사드 문제는 장기간 논란이 되므로 박근혜 정부 당시 〈표 6-1〉와 탄핵(2017.3.10.) 이후 시기 〈표 6-2〉로 구분해 정리했다.

〈표 6-1〉 박근혜 정부 당시 사드(THAAD) 배치 평가

필자	일자	논지	자료 종류
김태현	2015. 05.	– 사드 한국 '배치'와 '구매'는 다른 문제임. 주한 미군의 보호를 위해 자국 비용으로 하는 배치를 굳이 반대할 명분이 없음. – 사드 배치가 북한의 대화 의사를 이끌어 낼 수도 있음. 비용을 감당 어려운 북한이 대화에 임할 수 있음.	통일 시대 3438~3439
곽태환	2015. 05.04.	– 한반도 사드 배치 문제에 대해 우리 정부가 향후 국익에 따라 추진해야 할 장기적 전략을 고민해야 할 것 – 동북아 국제체제의 변화에 대응하기 위한 하나의 대안은 남과 북이 주축이 되어 꽁꽁 얼어붙은 남북 관계의 복원에 노력하여 제3차 남북정상회담을 적극적으로 추진하는 것. https://www.khan.co.kr/article/201505042112505	경향 신문 링크
정세현	2015. 05.18.	– 미일 동맹 강화와 중러 군사 연합 심화가 예상되는 상황에서 한국은 남북 관계 개선을 최우선으로 추진해야 함. 북핵 핑계를 대며 사드 배치를 저울질하지 말고 6자회담 재개를 서둘러야 함. – 사드의 한반도 배치는 동북아 군비경쟁을 격발하고 남북 간 군사적 긴장을 고조시킬 뿐임. https://www.bigkinds.or.kr/v2/news/newsDetailView.do?newsId=01101001.20150518100000057	한겨레 신문 링크

김용현	2015. 05.28.	– 미국은 사드 남한 내 배치를 기정사실로 하고 있음. SLBM과 사드는 앞으로 한반도의 군사적 긴장을 고조시키는 숙주이자 뇌관이 될 수 있는 소재임. https://www.khan.co.kr/article/201505282118165	경향 신문 링크
김흥규	2016.	– 사드 문제가 부각된 것은 미국은 추후 중국과 보다 경쟁 관계로 전환하겠다는 의지를 명백히 드러내고 있음. 추후 북핵은 물론이고 한반도 문제가 미 · 중의 전략 안에서 다뤄질 개연성이 있음. – 한국의 입장에서는 북한의 핵 도발로 인해, 또 다른 한편으로는 중국은 북 · 중 관계를 개선하는 방향으로 정책을 전환할 개연성이 커지고 있음. 한국의 외교 안보 환경에 먹구름이 몰려오고 있음. https://www.kci.go.kr/kciportal/ci/sereArticleSearch/ciSereArtiView.kci?sereArticleSearchBean.artiId=ART002116765	통일정책 연구 링크
이대근	2016. 02.12.	– 핵실험을 하고 장거리 로켓을 쏜 것은 북한이지 중국이 아님. 그런데 박근혜 대통령은 불쑥 사드 배치 문제로 중국을 자극하며 중국의 반발을 불러일으켰음. – 사드 배치 문제는 미 · 중 갈등 요인이기도 함. 한국은 미 · 중 협력에서 이익을 볼 수 있지, 갈등 상황에서는 여러 가지로 불리함. 그런데 한국이 나서서 미 · 중 갈등을 조성했으니, 국익을 위한 판단이라고 볼 수 없음.	경향 신문 링크

이대근	2016. 07.10.	– 한국과 미국이 고고도미사일방어체계인 사드를 주한미군에 배치하겠다고 발표했음. 북한은 더욱 안보 불안을 느끼고 핵 개발, 미사일 개발에 더욱 박차를 가할 것이며, 중국의 한국 내 사드 배치 반대엔 나름의 이유가 있음. 사드 배치는 한반도 평화, 동북아 안정을 저해하는 결정임. https://www.khan.co.kr/article/201607101655001	경향 신문 링크
이대근	2016. 07.16.	– 예상대로 사드 배치를 결정하자 북한, 중국, 러시아가 반발하고 있음. 박 대통령은 왜 중국 전승절에 참가하는 파격적인 외교를 했으며, 이제는 중국이 가장 민감하게 생각하는 사드라는 카드를 중국에 불쑥 내밀었는가? 박근혜 정부로부터 이 모순에 대한 제대로 된 설명을 우리는 들어본 적이 없음.	경향 신문 링크
이대근	2016. 08.02.	– 북핵 문제에서 항복을 받아내려면 대북 압박을 위한 국제 협력 체제를 공고히 해야 함. 특히 북한의 버팀목 역할을 하는 중국의 협조는 성패를 좌우하는 관건임. 중국과 갈등할 수 있는 문제는 피하고, 모든 현안을 제재에 종속시켜야 함. 그런데 박 대통령은 사드 배치를 국익에 따라 검토하겠다는 발언으로 중국을 자극했음.	경향 신문 링크
황재옥	2016. 08.29.	– 북한 4차 핵실험 이후 남북 간 긴장 고조 상태 이후 사드 배치를 결정함. 또한 사드 배치 발표 후 북·중 교역이 확장형으로 발전하고 있다고 함. – 사드 배치가 정세 불안, 북한의 군사 위협으로 인한 안보 불안을 야기할 수 있음. https://www.khan.co.kr/article/201608292031005	경향 신문 링크

차두현	2016. 08.	- 사드 배치는 북한의 미사일 위협에 대한 한미 동맹 차원의 대응이며, 사드는 다층 방어의 일부로서 '억지력 향상'이 그 임무임. 논리적이지 못한 사드 반대론 난무는 다양성이 아닌 닫힌 마음의 표출임 - 지금은 소모적 논쟁에서 벗어나 사드 배치와 운용에서 일어날 문제를 합리적으로 볼 때임	통일 시대 3949~3950
구갑우	2016. 09.11.	- 2016년 북한의 4차 핵실험과 사드의 한국 배치 결정 그리고 북한의 5차 핵실험으로 이어지는 작용과 반작용의 연쇄작용이 일어나는 중. - 사드의 한국 배치 결정과 북한의 5차 핵실험 이후 군비경쟁은 한반도를 넘어 동아시아 차원으로 확대될 조짐을 보이고 있음.	경향 신문 링크
양무진	2016. 09.27.	- 한 · 미는 북한의 핵 · 미사일 위협에 대응하기 위해서라며 주한미군 고고도미사일방어체계(사드) 배치를 결정함. 중 · 러는 자국의 안보 이익 침해라며 대항 전선을 강화하고 있음. - 한반도 상황의 악화가 만연돼 구조화된다면 새로운 해결의 틀을 만들기는 더 어려울 것. 전장화의 우려가 지속되는 상황을 감안 한다면 군사적 충돌이 발생할 가능성도 배제할 수 없음.	경향 신문 링크
홍규덕	2016. 10.	- 북이 5차 핵실험을 감행함. 우리 사회는 북한 핵 도전이 가져온 안보 위협에 하나 된 목소리를 내지 못함. 사드 배치가 대표적 예시임. 확장억제 능력은 필수적 과제임. - 북한의 핵 고도화와 ICBM, SLBM 개발 등에 따른 안보 상황은 너무도 위중함. 민주사회는 안보 문제에 대해 충분히 논의할 수 있지만, 정책 결정을 달리할 수 없는 핵심 국가이익에 관한 사안들은 예외가 되어야 함.	통일 시대 4019~4020

김흥규	2016. 12.13.	– 사드 배치 결정에 대해 일명 한한령(限韓令)이라 불리는 중국의 대응이 시작되고 있음. – 사드는 미국이 대중 전략경쟁을 가속화하는 중요한 조치의 일환이며, 한·미동맹이 일본과의 안보협력을 바탕으로 대중 견제로 전환하는 시발점이 되고 있다는 우려를 강하게 가지고 있음. https://www.khan.co.kr/article/201612132123005	경향 신문 링크
이대근	2017. 01.17.	– 한국은 중국과의 협력 강화를 철석같이 약속하고도 사드 배치 결정으로 중국의 등을 찔렀음. 또한 중국을 포함한 주변국과의 이해관계가 복잡하게 얽히게 되었음. https://www.khan.co.kr/article/201701172121005	경향 신문 링크
윤영관	2017. 03.08.	– 한국의 사드 배치에 대한 중국의 보복이 노골화되고 있음. 한국 정부는 전략적인 대응을 실시해야 함. – 첫째, 북한의 핵 위협 제거 시 사드 배치는 철수할 테니 중국은 최대한의 대북 조치를 취해야 한다고 주장함. 둘째, 한국 정부는 미·중·일에만 집중하지 말고 동남아, 러시아 등을 대상으로 입체적인 외교를 펼쳐야 함. https://www.chosun.com/site/data/html_dir/2017/03/07/2017030703923.html	조선 일보 링크

요약

정부는 찬반 논쟁과 중국의 보복 조치에도 불구하고 사드 배치를 결정 실행하였다. 그 과정을 보면 사드 배치가 공론화된 2015

년 5월 초에는 신중한 입장들(신중한 긍정론: 김태현, 신중한 부정론: 곽태환)이 제기되었다. 하지만 그 후로 자문위원들의 사드 배치 관련 안보정향은 부정론이 절대적으로 많았다. 그들은 대체로 사드 배치로써 불필요하게 중국과 북한을 자극해 한국의 안보 상황을 악화시켰다는 주장을 폈다. 총 17건 중 긍정론(윤영관) 1건, 신중한 긍정론 2건, 신중론 1건, 신중한 부정론 2건, 부정론 11건으로 나타났다. 특히 이대근은 지속적으로 부정론(5건)의 입장을 피력했다. 신중한 부정론이 2건이 있었는데(차두현, 홍규덕), 북한의 무력도발(2016년 두 차례 핵실험과 광명성 4호 발사)에 대한 억지력으로서 사드 배치를 긍정적으로 평가했다.

〈표 6-2〉 박근혜 대통령 탄핵 이후 사드 배치 평가

필자	일자	논지	자료 종류
김흥규	2017. 03.14.	– 현 정부는 임기 내에 사드 배치를 완료 하기로 결심한 듯함. 북한은 사드 문제에 개의치 않고 미사일을 동해로 발사했고, 미국은 기다렸다는 듯이 사드 장비를 오산시로 공수했음. 중국은 이에 전방위적으로 보복을 강화하고 있음. – 일각에서는 그 결과 한국의 경제 성장이 1%대로 떨어질 것이라 하고, 심지어 이마저도 2~3차적인 영향을 고려하면 피해를 과소평가한 것이라고도 함. https://www.khan.co.kr/article/201703142029015	경향 신문 링크

김동엽	2017.	- 한반도 사드 배치를 둘러싼 다양한 쟁점으로 인해 국내는 물론 한반도를 둘러싼 역내 질서가 예측불허한 상황임. 한반도 사드 배치의 본질은 미·중 관계에 있음. 미국과 중국 모두 한반도 사드 배치 여부에 민감하게 반응하고 있다는 점에서 향후 지역 내 안보 질서를 결정하는 중요한 요인으로 작용할 것으로 보임. - 사드 배치의 선택은 단순히 군사적 효용성을 넘어 안보와 국익, 국가의 미래 차원에서 결정되어야 할 것. https://www.kci.go.kr/kciportal/ci/sereArticleSearch/ciSereArtiView.kci?sereArticleSearchBean.artiId=ART002238467	국제정치 논총 링크
조남훈	2017. 04.	- 사드 배치 반대와 관련해 중국과 북한이 연대 기류를 형성. - 사드 배치에 대한 이해충돌과 동중국해 및 남중국해에 중국 및 일본, 미국의 대립과 갈등이 역내 국가 간 협력을 방해하고 있음.	통일 시대 4228~4229
박인휘	2017. 06.	- 남북 관계 및 한반도적 사안들이 미·중 간 파워 게임으로 전환된 경우가 발생할 때마다 우리 외교가 행사할 수 있는 공간은 줄어듦. 사드 배치를 둘러싼 논란은 바로 이런 현실을 보여줌.	통일 시대 4296
조성렬	2017. 08.	- 후보 시절 문 대통령은 사드 문제에 전략적 모호성 유지, 집권 이후 배치 수용으로 정리함. - 사드 문제를 둘러싼 중국의 보복 조치와 망언은 북핵 문제에 대한 국제 공조뿐 아니라 정상적인 양국 관계에도 부정적으로 작용하고 있음.	통일 시대 4363

이대근	2017. 08.25.	- 문재인 대통령의 대북정책, 외교정책이 길을 잃었음. 북한은 남한을 상대하지 않고, 사드 조기 배치 결정으로 한국을 대하는 중국의 태도는 더욱 강경해졌음. 미국은 미국 마음대로 하는 중. 외교 난맥은 박근혜 정부의 유산이지만 문재인 정부는 그 난기류에서 벗어나지 못한 채 이중삼중의 파고에 휩쓸려 헤어나지 못하고 있음.	경향 신문 링크
이대근	2017. 09.12.	- 사드가 실효성이 없다는 사실은 이론의 여지가 없는데도 문 대통령은 사드 배치가 "한반도에서 전쟁을 막고 국민의 생명과 안전을 지키기 위해 더 이상 미룰 수 없다는 결론에 도달했다"라고 밝혔음. 이 논리의 연장선상이라면 미사일 탄두 중량 무제한, 핵잠수함, 전술핵 재배치 역시 전쟁을 막기 위한 최선의 조치가 되어야 하지만 그것들이 북핵 해법일 수는 없음. https://www.khan.co.kr/article/201709120837001	경향 신문 링크
이동률	2018. 01.	- 사드 갈등은 미 · 중 간의 복합적 세력 경쟁 구도의 영향을 받고 있기 때문에 한중 관계 차원에서 봉합은 가능하지만, 궁극적인 해결은 어려움. 다시 말해 미 · 중 관계의 변화에 따라 언제든 다시 수면 위로 노출될 가능성이 있다는 것을 염두에 두고 대비할 필요.	통일 시대 4539~ 4540
양무진	2021. 11.06.	- 2017년 미국의 사드 배치 당시 중국은 강력한 반대 의사를 표명하며 경제 보복으로 대응했음. 성주의 사드 기지는 여전히 일부 단체와 주민들의 반대 시위로 원활한 물자 반입이 어려운 상황임. 과연 어느 지자체와 주민들이 전술핵 기지를 받아들일 수 있겠는지. https://www.khan.co.kr/article/202111060300055	경향 신문 링크

요약

박근혜 대통령 탄핵 이후 사드 배치에 대한 자문위원들의 안보 정향은 부정론과 신중론에 집중되었다. 총 9건의 글 중 신중론이 1건, 신중한 부정론이 1건, 부정론이 7건으로 나타났다. 사드 배치 논란은 문재인 정부까지 계속 이어지는 양상을 보였다. 이대근은 꾸준히 사드 배치 부정론을 펼쳤으며 사드는 한국의 안보에도 실효성이 없다고 확신했다.

2 지소미아 체결

개요

한국과 일본 양국은 2016년 11월 한일군사정보보호협정, 즉 지소미아(GSOMIA: General Security of Military Information Agreement)를 체결해 군사정보 제공에 협력하기로 했다. 문재인 정부 들어서는 일본이 한국을 백색국가 목록에서 제외하면서 한일정보보호협정을 유지할지 여부에 대한 논란이 일었다. 이에 관한 자문위원들의 평가는 지소미아를 유지하는 것이 한국의 안보에 도움이 된다는 긍정적 입장과 지소미아 유지가 한국의 안보에 도움이 되지 않는다는 부정론적 입장이다. 물론 긍정론과 부정론 사이에서 신중을 기하는 신중론 입장이 있다.

그리고 자문위원들의 안보정향을 박근혜 정부 당시 〈표 6-3〉

와 박근혜 정부 이후 〈표 6-4〉 시기로 구분해 보았다.

〈표 6-3〉 박근혜 정부 당시 지소미아 평가

필자	일자	논지	자료 종류
박철희	2016. 06.15.	- 미국이 한국을 방어하기 위해서는 주한미군과 주일미군의 협력을 받아야 하므로, 한일 양국이 군사정보보호협정과 상호군수지원협정(ACSA)를 통해 제도적으로 연결되어야 함. - 지소미아에서 한·일이 주고받을 군사정보는 대부분 북한 관련 정보일 것임. 한일 간 정보교환의 레벨을 높이는 것은 북한과 대치하고 있는 한국에 유리한 것임. https://www.chosun.com/site/data/html_dir/2016/06/14/2016061403553.html	조선일보 링크
김동엽	2016. 11.25.	- 지난 4월 미국은 일본과의 지소미아 체결을 요구함. 한국 국방부는 북한 핵미사일 위협 때문에 안보가 위협되고 있으니, 일본과의 협정을 맺어 도움을 받자고 이야기하고 있음. 한일 지소미아 체결은 국방부가 안보 무능을 자인하고 일본에 안보를 의지하겠다고 하는 것임. - 또한 지소미아 협정을 맺는다고 일본은 한국이 원하는 정보를 주지도 않을 것임. https://www.bigkinds.or.kr/v2/news/newsDetailView.do?newsId=01100101.20161125210617001	경향신문 링크

요약

박근혜 정부 시기 지소미아에 대한 자문위원들의 안보정향은 총 2건의 기사로 나타났고 긍정론이 1건, 부정론이 1건이었다. 긍정론(박철희)은 한 · 미 · 일 안보협력의 차원에서 지소미아가 필요하다고 보았고, 부정론(김동엽)은 지소미아 체결은 국방부의 안보 무능을 자인하는 것이며 원하는 정보를 일본이 주지 않을 것이라는 논리였다.

〈표 6-4〉 박근혜 정부 이후 지소미아 평가

필자	일자	논지	자료 종류
강인선	2019. 08.29	– 지소미아 파기 결정으로, 이제 워싱턴은 한 · 일 갈등을 동맹국 간 갈등이 아니라 미국 안보를 위협하는 '우리 문제'로 다루기 시작함. – 트럼프 정부 관계자, 만일 지소미아가 한 · 미 관계와 무관하다고 생각한다면 그는 동북아 안보 이슈를 전혀 이해하지 못하는 사람일 것이라 지적.	조선 일보 링크
강인선	2019. 08.30	– 지소미아 파기를 결정한 이후 트럼프 행정부는 거의 매일 새로운 수사로 '강한 우려와 실망'을 표시하며 한국을 압박하고 있음. 지소미아를 연장하라는 것인데, 한국 역시 해리스 주한 미 대사를 불러 지소미아 파기에 대한 공개적인 비판을 자제해줄 것을 요구함. – 지소미아 파기 결정 이후 한 · 미가 전례 없이 강 대 강으로 대결하고 있음. https://www.chosun.com/site/data/html_dir/2019/08/29/2019082903540.html	조선 일보 링크

윤덕민	2019. 09.09.	– 한국 정부는 일본의 백색 리스트 제외 조치에 대항하여 지소미아 종료를 선언함. 한국 정부가 지소미아 종료를 선언하면서 미국 국무부와 국방부가 문재인 정부에 우려와 실망을 표명하고 있음. 협상력을 높이려던 한국 정부의 의도는 엄청난 파장을 일으키고 있음. https://www.chosun.com/site/data/html_dir/2019/09/08/2019090801622.html	조선 일보 링크
강인선	2019. 11.14.	– 지소미아 종료를 앞둔 워싱턴 분위기는 긴박하고 냉랭함. 워싱턴의 한 싱크 탱크 전문가는 한국 전문가들 사이에서 지소미아 연장 여부가 초미의 관심사라면서, "한국이 한·일 갈등 때문에 한·미 동맹에 불필요한 긴장을 만들어내고 방치하는 지금 상황에 다들 답답해하고" 있음. https://www.chosun.com/site/data/html_dir/2019/11/14/2019111400193.html	조선 일보 링크

요약

문재인 정부 시기 지소미아와 관련된 자문위원들의 안보정향은 긍정론에 가까웠다. 4건의 글 모두 신중한 긍정론으로 파악되었다. 강인선(3건)과 윤덕민(1건)은 지소미아 파기에 대한 워싱턴의 우려감을 여러 기사에서 전하며 한국의 안보와 한미 동맹 차원에서 지소미아 유지의 중요성을 강조했다.

3 개성공단 폐쇄

◇ 개요

이명박 정부 시기 5.24 조치로 신규 투자 금지 및 근로 인원이 축소되었고, 북의 핵·미사일 개발에 반발해 박근혜 정부 시기인 2016년 2월 10일 개성공단 내 남측 인원이 철수해 공단 운영이 중지되었다.

이러한 정부 정책에 대한 자문위원들의 의견은 찬성과 반대로 극명하게 나누어졌다.

즉, 개성공단은 한국의 안보 및 남북 관계 상황에 긍정적 영향을 미치며 개성공단을 계속 유지 혹은 발전시켜야 한다는 입장과 북한의 핵·미사일 개발 등 도발 행위에 맞서 개성공단은 폐쇄되어야 하거나, 개성공단의 유지는 한국의 안보에 부정적인 영향을 미칠 것이라는 입장이다. 그리고 신중론은 개성공단의 유지 혹은 폐쇄에 관해 신중을 기하는 입장이다.

이에 대하여 개성공단이 중단되고 폐쇄된 이명박~박근혜 정부 시기 〈표 6-5〉와 문재인 정부 〈표 6-6〉로 구분해 정리했다.

〈표 6-5〉 개성공단 중단·폐쇄 평가

필자	일자	논지	자료 종류
임을출	2013. 04.07.	- 만약 개성공단이 문을 닫는다면 이는 남북 관계는 돌아가지 못할 강을 건너는 것임. - 개성공단 활용은 중장기적 국가 미래 전략 차원에서 고민해야 함. 지금 당장 북한의 호전적 언사나 도발 행위에 휘둘려 개성공단을 제대로 지켜내지 못한다면 미래의 남북 관계를 주도할 수 있는 핵심 수단과 자산을 잃어버리는 것. 즉각 북한과 대화에 나서야 함. https://www.khan.co.kr/article/201304072123405	경향 신문 링크
백학순	2013. 07.12.	- 제2차 남북 개성공단 실무회담에서 남한과 북한 측은 서로 다른 입장 차이 확인 - 북한은 남측이 요구하고 있는 '개성공단의 국제화'를 수용하기 어려울 것임. 지금은 개성공단의 '발전적 정상화'가 아닌 조속한 정상화를 실현해야 함. https://www.bigkinds.or.kr/v2/news/newsDetailView.do?newsId=01100101.20130712100000040	경향 신문 링크
양무진	2013. 07.29.	- 개성공단 중단이 장기화될 경우 남북 관계는 더 이상 진전시켜 나가기 어려움. - 통일부 장관은 성명을 통해 최후통첩성 대북 대화 제의 내용을 보면 개성공단의 일방적 중단 사태에 대한 북한 측의 사과성 재발 방지 약속을 촉구하고 있음. 북한을 압박하면서 인도적 지원 운운하는 것은 북한을 더욱 자극할 뿐. https://www.khan.co.kr/article/201307282132015	경향 신문 링크

조봉현	2013. 08.~09.	– 개성공단 가동 10년 만에 중단, 133일 만에 극적 정상화, 재가동의 길에 들어섰음. 향후 국제화 논의도 본격화하고 실행에 옮겨야 할 것. – 개성공단 활성화는 남북 관계 발전의 기폭제임. 개성공단 사태를 통해 북한은 뼈저린 교훈을 얻기 바람. 과거의 행동에서 벗어나 이제부터라도 신뢰를 보여주는 자세 변화가 있어야 함.	통일 시대 3034~ 3035
윤여상	2013. 08.~09.	– 현 정부 출범 후 개성공단이 폐쇄된 상황에서 정상화 합의와 조업 재개 과정단계에 진입했지만, 한반도 프로세스 성공은 진보정권 성과 이어가는 것만이 아닌 북한 핵 위협 해소를 통해 평가받아야 함. 한반도 신뢰 프로세스의 성공은 진보정권의 성과를 이어가는 것만이 아니라 북한 핵 위협의 해소를 통해서 평가받아야 함.	통일 시대 3056
조봉현	2014. 04.~05.	– 북한 경제가 성과 내려면 한국과 협력이 필요하며 열쇠는 북한이 가지고 있음. '개성공단 발전적 정상화와 국제화'를 반드시 실행해야 함. 박근혜 대통령이 제안한 '드레스덴평화통일구상'은 북한 주민들의 생활경제 향상은 물론 경제발전의 돌파구를 마련하는 지름길이 될 수 있음. 한시라도 빨리 협상 테이블에 나서는 한편, 신뢰와 원칙을 준수해야 함.	통일 시대 3172~ 3173
김태우	2014. 12.10.	– 김정은 위원장은 제3차 핵실험 직후인 2013년 3월 31일 노동당 전원회의를 통해 핵 개발과 경제건설 '병진 정책'을 공표하고 "핵 보검(寶劍)을 더욱 강하게 틀어쥐고 나가겠다"라고 천명했음.	조선 일보 링크

		– 김정은 정권은 개성공단 폐쇄라는 초강수를 두면서 다른 한편으로는 핵 선제타격권을 주장하고 한국과 미국에 대한 핵 타격 위협을 반복함. 북한은 핵을 실제로 사용하지 않으면서도 핵 협박을 통해 남북 관계를 주도하려 할 것. chosun.com/nbrd/bbs/view.html?b_bbs_id=10158&num=4502	
조봉현	2014.12.~2015.01.	– 북한이 상한선 없이 마음대로 임금을 받겠다는 억지를 부리고 있음. 북한은 개성공단을 통해 남쪽을 압박하고, 일방적으로 개성공단 제도를 운영하며, 외화를 더 챙기겠다는 의도임. – '비 온 뒤에 땅이 굳는다'라는 말처럼 소나기가 그치고 나면 개성공단의 발전적 정상화를 통해 새로운 남북경협 거점으로 확장시켜 나갈 수 있음.	통일시대 3332
임을출	2016. 02.11.	– 개성공단이 영구 폐쇄될 가능성이 높아지고 있음. – 개성공단의 다양한 전략적 가치(분단사적, 정치경제적)를 고려한다면 일방적으로 존폐를 결정해서는 안 됨. 우리의 일방적인 개성공단 가동 전면 중단 조치는 금전적 가치로 따질 수 없는 엄청난 자산을 포기하는 것임. https://www.bigkinds.or.kr/v2/news/newsDetailView.do?newsId=01100101.20160211215055284	경향신문 링크
이대근	2016. 02.12.	– 개성공단은 애초 남북 화해, 군사적 긴장 완화 조치의 결과였으며, 개성공단은 한국의 안보를 위해서도 필요함. – 보수 정부 들어 남북 관계는 계속 역주행했음. 잘나가던 금강산 관광 중단시키고 이제 개성공단까지 문을 닫게 되었음. 북핵 문제도 방치한 결과, 북한의 핵 능력은 날로 강화되고 있음.	경향신문 링크

정영태	2016. 03.	– 2013년 개성공단 중단은 위협적 성격 지닌 것이었으나, 이번의 개성공단 전면 중단은 좀 더 근본적인 목적을 지닌 결정이라 할 수 있음. – 박근혜 대통령의 개성공단 중단 조치는 일시적인 것이 아니라 김정은 체제를 종식시키려는 것. 이에 대해 북은 박근혜 정부를 흔들기 위해 대화 공세를 필 가능성이 있음. 이런 때일수록 국민은 일치단결해서 박근혜 정부의 대북 정책을 적극 지원해야 함.	통일 시대 3786
조봉현	2016. 04.	– 우리 정부는 북한의 4차 핵실험과 장거리 미사일 발사를 용납할 수 없는 엄중한 상황으로 인식, 개성공단 전면 중단을 단행함. 북한의 핵, 미사일 능력 고도화를 막기 위해 북한으로의 외화 유입을 차단하는 조치로 판단됨. – 북한은 핵실험과 미사일 발사 같은 국제사회에 대한 도발을 중지하고 변화의 길로 나서야 북한 정권 유지와 경제를 살림.	통일 시대 3813~3814

요약

개성공단 폐쇄 혹은 중단과 관련된 자문위원들의 안보정향은 개성공단의 유지·발전을 긍정적으로 보는 경향이 많았다. 13건의 글 중에서 유지·발전론이 5건, 신중한 유지·발전론이 4건, 신중론이 2건, 폐쇄론이 2건으로 나타났다. 신중한 유지·발전론자들은 개성공단이 경제적 이익과 남북 관계 개선, 평화 유지에 중요한 역할을 한다고 보았으며, 북핵 문제를 더 이상 악화시키지 않는 기제라고 보는 경향이 있다.

반면 폐쇄론자들은 개성공단 폐쇄가 북한이 대외 관계 및 북핵 문제에서 주도권을 가지려는 의도를 변화시킬 수 있는 방법이라고 보았다. 신중론자들은 북핵 문제의 향방과 북한 지도부의 의도 등을 살펴보며 개성공단 폐쇄 여부를 결정해야 한다고 보는 경향이 강했다.

〈표 6-6〉 박근혜 정부 이후 평가

필자	일자	논지	자료 종류
양무진	2017. 04.04.	– 박근혜 정부의 대표적인 대북정책 실패 사례로는 개성공단 폐쇄, 핵미사일 대처, 대북 심리전 재개 등이 있음. 개성공단 폐쇄는 졸속으로 이루어진 잘못된 결정이었음. 대북 압박 효과보다 우리 기업의 피해가 더 컸으며 마지막 대북 레버리지를 상실하였음. https://www.bigkinds.or.kr/v2/news/newsDetailView.do?newsId=01100101.20170404212153001	경향 신문 링크
조봉현	2017. 08.	– 북핵 및 남북 관계 상황을 고려해 유연하게 민간 경협 재개를 적극 추진해 나가야 함. 경제협력 사업은 개성공단 및 금강산 관광 재개가 우선적으로 추진돼야 함. 관건은 북한의 태도 변화임.	통일 시대 4371~4372

요약

박근혜 정부 이후 전문가들의 개성공단 폐지에 대한 안보정향은 유지·발전론과 신중한 유지·발전론이 각각 1건 나타났다. 그 중 양무진은 박근혜 정부의 개성공단 폐쇄는 대북 레버리지를 상실하게 된 졸속으로 이루어진 잘못된 결정이라고 비판했다. 조봉현은 북한의 태도가 변화된다면 개성공단을 재개해야 한다고 주장했다.

박근혜 정부 총평

박근혜 대통령 임기 동안 발생한 안보 이슈들이 정부의 대북정책 목표(통일기반 구축, '통일대박'론 등) 달성에 큰 도움이 되지는 못했다. 하지만 이 안보 이슈들이 한국의 안보 능력에 영향은 긍정적인 경우와 부정적인 경우 모두 존재했다.

우선 (박근혜 정부가 대화와 협력을 강화한) 중국의 반대에도 불구하고 추진했던 사드 배치 문제와 관련해 많은 자문위원은 부정론을 제기했다. 그 이유는 사드 배치로써 불필요하게 중국의 경제적 보복을 비롯하여 한국의 안보 상황을 악화시켰기 때문이다. 다만 북한의 무력도발에 대한 억지력으로서 사드 배치를 긍정적으로 평가한 일부 의견도 존재했다. 지소미아 체결과 관련해 자문위원들의 안보정향은 긍정론이 주를 이뤘다. 한·미·일의 안보협력 차원에서 긍정적일 뿐만 아니라, 미국 정부가 큰 관심을 가지는 사안으로써 지소미아가 계속 유지되어야 함이 강조되었다. 끝으로 개성공단 폐쇄의 경우 자문위원들은 개성공단이 계속 유지·발전되어야 함을 강조하는 경향이 강했다. 신중한 유지·발전론자들은 개성공단이 남북 관계 개선, 평화 유지에 중요한 역할을 하며, 북핵 문제를 더 이상 악화시키지 않는 기제라고 보았다. 반면 폐쇄론자들은 개성공단 폐쇄가 북이 북핵 문제에서 주도권을 가지려는 의도를 변화시킬 수 있는 방법이라고 보았다.

제 7 장

문재인 정부

제7장 | 문재인 정부

문재인 대통령의 임기는 2017년 5월~2022년 5월로서 박근혜 대통령 탄핵 인용 이후 실시된 선거를 통하여 당선되었다. '국민의 나라, 정의로운 대한민국'이라는 국가 비전 아래 국민주권, 경제민주주의, 복지국가, 균형발전, 한반도 평화 번영의 국정 지표를 제시했다. 주변국과의 외교 관계에 공을 들였으며[1] 남북 관계

1) 다만 과거사 문제, 독도 영유권 문제 등으로 한일 관계는 좋지 못했다.

개선에 특히 큰 노력을 기울였다. 김대중·노무현 정부의 햇볕정책을 발전적으로 계승할 것을 자임했고 북핵 문제 해결에서 한국의 역할을 강조했다. 그 결과 세 차례의 남북정상회담을 진행하고 9.19 군사합의를 이끌어 냈으며 종전선언 논의를 활성화하는 등의 성과를 거두었다. 하지만 2019년 하노이 북·미정상회담이 성과 없이 끝난 후 북·미 관계와 북핵 협상은 더 이상 진전되지 못했다. 남북 관계도 더 이상 진전되지 못하다가 급기야 남북공동연락사무소가 폭파되는 등 최악의 상황까지 이르게 되었다.

이와 같이 문재인 정부에서 남북 관계와 북핵 문제는 급격한 상승과 하락 모두 경험한 시기였다. 따라서 안보 이슈가 발생한 상황에서 정부의 정책이 전개된 남북 관계에 대하여 자문위원들의 안보정향을 살펴보았다.

1 북한의 남북공동연락사무소 폭파

개요

2020년 6월 16일 북한이 개성공단 내 남북공동연락사무소를 무단 폭파했다. 남북공동연락사무소는 2018년 1차 남북정상회담과 남북고위급회담에 따라 한국 정부가 건설했는데, 대북 삐라 살포와 관련된 김여정 제1부부장의 협박성 발언 이후 폭파하였다.

이에 관한 자문위원들의 반응은 대체로 세 가지로 구분할 수 있다.

남북공동연락사무소 폭파 행위에도 불구하고 북한과의 대화를 통해 문제를 해결하여야 한다는 입장과 북한의 남북공동연락사무소 폭파 행위에 대해 강경한 대응을 주문하는 입장이다. 유화론과 강경론 사이에서 신중을 기하자는 신중론의 입장도 있었다.

〈표 7-1〉 남북공동연락사무소 폭파 평가

필자	일자	논지	자료 종류
강인선	2020. 06.19	– 남북공동연락사무소는 이 정부의 현실감 부족한 대북정책과 대미 정책을 상징함 – 북한이 군사 도발을 암시하는 등 상상을 뛰어넘는 조치를 하겠다고 벼르는데도 정부는 거의 종교적 수준으로 기존 대북 기조를 유지할 태세임. 연락사무소와 함께 무너진 건 단순히 남북 화해의 상징만이 아님. 국민 개개인이 느끼는 안전감도 흔들렸음.	조선 일보 링크

		https://www.chosun.com/site/data/html_dir/2020/06/19/2020061900038.html	
윤덕민	2020. 06.27.	- 북한이 개성에 있는 우리 연락사무소를 폭파함. 보통이라면 관계 단절은 물론이고 전쟁까지 각오해야 하는 중대 사태임. - 문재인 대통령은 개성 연락사무소 폭파에 대해 인내하겠다고 이야기함. 한국 정부는 북한 독재 정권을 달래기 위해 민주주의 가치와 권리를 희생하려고 하는 것. https://www.chosun.com/site/data/html_dir/2020/06/26/2020062604420.html	조선 일보 링크
윤덕민	2021. 01.23.	- 북한이 남북연락사무소를 폭파하고 맹비난하고 있는 것은 하노이 회담 실패에서 문재인 정부가 미국에 전혀 영향력이 없다는 점을 깨달았기 때문임. - 문재인 정부는 현실성 있는 대북 인식과 함께 바이든 정부에 동맹으로서 신뢰감을 주어야지 북한의 전향적인 움직임을 이끌어낼 수 있을 것임. https://www.chosun.com/opinion/chosun_column/2021/01/23/XPZXN7LMRNAFBBQTFK5WU7KPPU/	조선 일보 링크

요약

현실적으로 남북공동연락사무소 폭파와 관련한 자문위원들의 안보정향은 모두가 다 정부의 정책 전개와는 달리 강경론으로 나타났다. 윤덕민(2건)은 북이 남북공동연락사무소를 폭파한 행위는 전쟁까지 각오해야 하는 중대 사태이지만 정부의 대처가 비현실적이라고 지적하며 현실적인 대북 인식과 한미 동맹의 강화를 통해 북의 변화를 이끌어 내야 한다고 주장했다. 강인선(1건)은 남북공동연락사무소 폭파로 인해 한국의 안보가 위협받았으며, 북은 추가적인 군사 도발을 암시했지만, 정부는 기존 대북 기조를 유지할 태세라는 점을 비판했다.

2 남북정상회담과 9·19 군사합의

개요

문재인 대통령 재임 기간 동안 1차 남북정상회담(2018년 4월, 판문점 평화의 집)와 2차 남북정상회담(2018년 5월, JSA 통일각), 3차 남북정상회담(2018년 9월, 평양)이 개최되었고 부속합의서로서 '9 · 19 군사합의'가 도출되었다. 특히 군사합의에 대해서는 많은 논란이 있었다. 따라서 이들 정상회담과 9.19 군사합의에 관한 자문위원들의 안보정향도 역시 긍정론/신중론/부정론으로 나타났다. 〈표 7-2 참조〉

긍정론은 세 차례의 남북정상회담이 북핵 문제 해결과 남북 관계 등에 긍정적 효과를 가져왔다고 평가하거나 남북정상회담을 지지하는 입장이다. 부정론은 세 차례의 남북정상회담이 북핵 문제 해결과 남북 관계 문제 등에 부정적 효과를 가져왔다고 평가하거나 남북정상회담과 9 · 19 군사합의를 비판하는 입장이다. 신중론은 각 남북정상회담의 성과에 대한 평가와 지지 여부에 신중을 기하는 입장이다.

〈표 7-2〉 남북정상회담과 9·19 군사합의 평가

필자	일자	논지	자료 종류
고유환	2018. 05.	– '평화, 공동 번영'의 이정표를 세웠음. 판문점 선언이 이행된다면 정전협정에 기초한 소모적인 분단 체제가 청산되고 평화와 번영의 새 시대가 열림. – 이번 정상회담에서 가장 관심을 끈 부분은 북한의 비핵화 의지를 김정은 위원장 입을 통해 확인하고 명문화한 것.	통일 시대 4668
김성경	2018. 05.	– 새로운 평화의 시작에 '판문점 선언'이 주춧돌임. 이번 정상회담을 기점으로 남북은 대결과 긴장을 종식하고 한반도의 평화 정착을 위해 전면적인 협력을 해나갈 것을 약속. – 남북정상회담과 '판문점 선언'이 중요한 진전을 이뤄냈음에도 한반도의 평화 정착을 위해서는 북 · 미 회담이 결정적 분수령이 될 수밖에 없음.	통일 시대 4670~4671
전성훈	2018. 05.10.	– 판문점선언 3항 중 한반도 군비통제와 관련된 조항이 있음. – 북한은 종전선언으로 시작되는 한반도의 안보구도 재편 기회를 활용하여 한국, 미국 및 국제사회를 상대로 강력한 심리전을 전개할 것으로 예상되는바, 정부 차원의 대비가 필요. 평화 분위기를 극대화해서 한국의 대북 경계심을 약화시키고 허위 안보감을 확산하려는 것임. https://bemil.chosun.com/nbrd/bbs/view.html?b_bbs_id=10158&num=5329	조선 일보 링크

전봉근	2018. 06.	– 4 · 27 남북정상회담은 6 · 12 북 · 미정상회담과 패키지로 열린 것. '평창 이전' 복귀 가능성도 주의해야 함. – 북한의 비핵화 약속은 과거의 약속과는 다르며, 실제 비핵화가 진전될 가능성이 있다고 봄. 다만 비핵화 조치가 북한의 '이익 구조'에 부합하기 때문에 비핵화를 추진할 것이라고 판단함.	통일 시대 4704~ 4705
박원곤	2018. 10.	– 이번 3차 정상회담의 중요한 목적인 북 · 미 대화 재개를 사실상 성취함. 다만 비무장지대, 공동경비구역 등은 정전협정에 따라 유엔사령부, 한국 방어가 한미동맹 차원에서 이뤄지므로 미국과의 사전 협의가 좀 더 철저히 이뤄져야 함. – 남북군사공동위원회를 설치해 논의하기로 했으므로 향후 추진될 조치는 유엔사와 연합사, 결국 미국과 확실한 소통 채널을 확보해야 함.	통일 시대 4843~ 4844
양무진	2018. 10.12.	– 정상회담에서 북핵 문제를 직접 다뤘고, 군사합의를 통해 남북 간 사실상 종전선언을 이끌어냄. 교착된 북 · 미 협상의 재개를 이끌어냄. 트럼프 대통령과 김정은 위원장은 문재인 대통령의 중재 역할을 높이 평가함.	경향 신문 링크
김동엽	2018. 12.	– 평양 정상회담(3차)에서 북한 비핵화를 최초로 공식의제화하고 추가적인 비핵화 공약을 이끌어 평양 공동선언문에 담은 의의가 있음.	통일 시대 4911~ 4912
서보혁	2018. 12.	– 2018년 세 차례 정상회담에서 남북 관계 발전, 비핵화 및 항구적 평화 정착에 합의, 평양 공동선언의 부속합의서로 남북의 군 책임자가 '판문점 선언 군사 분야 이행합의서'에 서명한 것은 특기할 만함. 평양 공동선언은 군사적 신뢰 구축 및 일부 운용적 군비통제의 이행과 군사공동위원회의 가동에도 합의함.	통일 시대 4910~ 4911

양무진	2019. 01.	– 1차 남북정상회담을 통해 남북 관계의 새로운 이정표를 만들었음. 2차 남북정상회담은 북·미 정상회담 개최를 앞둔 교착 국면을 해소한 중요한 회담임. 3차 정상회담의 가장 중요한 성과는 남북정상회담에서 북핵 문제를 직접 다룬 것임.	통일 시대 4949~4950
조성렬	2019. 06.24.	– 2018년 이후 세 차례 남북정상회담과 두 차례 북·미 정상회담을 거치면서 한반도 정세는 안정화되고 있음. – 하노이 회담 때 드러난 북·미 이견이 아직 해소되지 않아 빠른 시일 내에 3차 북·미 정상회담이 개최될 가능성은 낮음. 하지만 하노이 회담 이후 침체된 비핵화 협상에 동력을 불어넣을 필요성에는 한·미 양국이 공감하고 있음. https://www.khan.co.kr/article/201906242050005	경향 신문 링크
조성렬	2019. 05.27.	– 사실 문재인 정부는 작년부터 남북 합의나 대북 제안을 통해 우리 측 통일 구상을 하나씩 구체화해 왔음. 군사, 경제에 이어 문화, 보건의료, 과학기술 등 부문별로 공동위원회가 만들어지고 잘 운용된다면 남북은 사실상 협의체적 공동정부의 틀을 갖추게 됨.	경향 신문 링크
조성렬	2020. 03.02.	– 이전의 군사합의들이 주로 교류·협력의 군사적 보장을 위한 것이었다면, 9·19 군사합의서는 본격적으로 정전협정의 복원과 초보 단계의 운용적 군비통제를 담고 있음. – 상호 군비통제는 성과가 나올 때까지 장시간이 걸리고 그 과정에서 신뢰 부족으로 합의가 불이행되는 경우도 있지만, 그걸 이유로 한반도 평화의 유력한 방안을 중단해서는 안됨. https://www.khan.co.kr/article/202003022041015	경향 신문 링크

조성렬	2020. 04.27.	– 4 · 27 판문점선언 2주년을 맞아 문재인 대통령은 북 · 미 협상의 종속변수에서 탈피해 남북관계를 발전시킬 현실적인 방안을 모색하겠다는 의지를 밝힘. – 문 대통령은 '비핵화 이전'에 할 수 있는 남북협력사업을 모색하겠다고 밝힘. https://www.bigkinds.or.kr/v2/news/newsDetailView.do?newsId=01100101.20200427204309001	경향 신문 링크
백학순	2020. 06.15.	– (6 · 15 20주년을 맞아) 현재 북핵 문제 해결의 어려움은 북한과 남한이 당사자로서 서로에 대한 신뢰를 토대로 이루어졌다는 점을 상기해야 함. 그동안 6 · 15시대, 10 · 4 정상선언, 판문점선언, 9월 평양공동선언, 9 · 19 군사합의서를 가능케 했던 그 신뢰를 회복해야 함.	경향 신문 링크
양무진	2021. 10.09.	– (김여정 부부장에게 쓰는 편지) "군사적 신뢰구축과 군비통제에 대한 논의를 활성화할 필요가 있고, 남북도 2018년 9 · 19 군사합의라는 의미 있는 성과를 도출하였습니다." – "남북군사공동위원회를 가동하여 대규모 군사훈련 및 무력 증강 등에 대해 협의해 나간다는 9 · 19 군사합의를 적극적으로 이행해야 할 것." https://www.khan.co.kr/article/202110090300035	경향 신문 링크

요약

문재인 정부에서의 3차례 남북정상회담을 통한 자문위원들의 안보정향은 대체로 긍정론에 가까웠다. 총 15건의 글 중에서 긍정론이 10건, 신중한 긍정론이 4건, 부정론이 1건으로 나타났다.

특히 3차 남북정상회담과 9·19 군사합의가 성사된 이후로는 긍정론(9건)과 신중한 긍정론(2건)만 제기될 정도로 긍정적인 평가가 많았다. 9·19 군사합의에 대한 일각의 비판에 비하여 긍정적 평가가 절대적이란 결과는 특이했다.

다만 신중한 긍정론자와 부정론자들은 북·미 협상과 비핵화 조치, 군비통제 등 안보 상황의 개선이 함께 진전되어야 한다고 보았다.

역사적인 판문점선언 이행을 위한 군사분야 합의서

남과 북은 한반도에서 군사적 긴장 상태를 완화하고 신뢰를 구축하는 것이 항구적이며 공고한 평화를 보장하는 데 필수적이라는 공통된 인식으로부터 '한반도의 평화와 번영, 통일을 위한 판문점 선언'을 군사적으로 철저히 이행하기 위하여 다음과 같이 포괄적으로 합의하였다.

1. 남과 북은 지상과 해상, 공중을 비롯한 모든 공간에서 군사적 긴장과 충돌의 근원으로 되는 상대방에 대한 일체의 적대행위를 전면 중지하기로 하였다.

① 쌍방은 지상과 해상, 공중을 비롯한 모든 공간에서 무력충돌을 방지하기 위해 다양한 대책을 강구하였다.

쌍방은 군사적 충돌을 야기할 수 있는 모든 문제를 평화적 방법으로 협의·해결하며, 어떤 경우에도 무력을 사용하지 않기로 하였다.

쌍방은 어떠한 수단과 방법으로도 상대방의 관할구역을 침입 또는 공격하거나 점령하는 행위를 하지 않기로 하였다.

쌍방은 상대방을 겨냥한 대규모 군사훈련 및 무력증강 문제, 다양한 형태의 봉쇄 차단 및 항행방해 문제, 상대방에 대한 정찰행위 중지 문제 등에 대해 '남북군사공동위원회'를 가동하여 협의해 나가기로 하였다.

쌍방은 군사적 긴장 해소 및 신뢰구축에 따라 단계적 군축을 실현해 나가기로 합의한 '판문점선언'을 구현하기 위해 이와 관련된 다양한 실행 대책들을 계속 협의하기로 하였다.

② 쌍방은 2018년 11월 1일부터 군사분계선 일대에서 상대방을 겨냥한 각종 군사연습을 중지하기로 하였다.

지상에서는 군사분계선으로부터 5km 안에서 포병 사격훈련 및 연대급 이상 야외기동훈련을 전면 중지하기로 하였다.

해상에서는 서해 남측 덕적도 이북으로부터 북측 초도 이남까지의 수역, 동해 남측 속초 이북으로부터 북측 통천 이남까지의 수역에서 포사격 및 해상 기동훈련을 중지하고 해안포와 함포의 포구 포신 덮개 설치 및 포문폐쇄 조치를 취하기로 하였다.

공중에서는 군사분계선 동 서부 지역 상공에 설정된 비행금지구역 내에서 고정익항공기의 공대지유도무기사격 등 실탄사격을 동반한 전술훈련을 금지하기로 하였다.

③ 쌍방은 2018년 11월 1일부터 군사분계선 상공에서 모든 기종들의 비행금지구역을 다음과 같이 설정하기로 하였다.

- 고정익항공기는 군사분계선으로부터 동부지역(군사분계선표식물 제0646호부터 제1292호 까지의 구간)은 40km, 서부지역(군사분계선표식물 제0001호부터 제0646호까지의 구간)은 20km를 적용하여 비행금지구역을 설정한다.

- 회전익항공기는 군사분계선으로부터 10km로, 무인기는 동부지역에서 15km, 서부지역에서 10km로, 기구는 25km로 적용한다.

– 다만, 산불 진화, 지 해상 조난 구조, 환자 후송, 기상 관측, 영농지원 등으로 비행기 운용이 필요한 경우에는 상대측에 사전 통보하고 비행할 수 있도록 한다. 민간 여객기(화물기 포함)에 대해서는 상기 비행금지구역을 적용하지 않는다.

④ 쌍방은 지상과 해상, 공중을 비롯한 모든 공간에서 어떠한 경우에도 우발적인 무력충돌 상황이 발생하지 않도록 대책을 취하기로 하였다.

이를 위해 지상과 해상에서는 경고방송 → 2차 경고방송 → 경고사격 → 2차 경고사격 → 군사적 조치의 5개 단계로, 공중에서는 경고교신 및 신호 → 차단비행 → 경고사격 → 군사적 조치의 4개 단계의 절차를 적용하기로 하였다.

쌍방은 수정된 절차를 2018년 11월 1일부터 시행하기로 하였다.

⑤ 쌍방은 지상과 해상, 공중을 비롯한 모든 공간에서 어떠한 경우에도 우발적 충돌이 발생하지 않도록 상시 연락체계를 가동하며, 비정상적인 상황이 발생하는 경우 즉시 통보하는 등 모든 군사적 문제를 평화적으로 협의하여 해결하기로 하였다.

2. 남과 북은 비무장지대를 평화지대로 만들어 나가기 위한 실질적인 군사적 대책을 강구하기로 하였다.

① 쌍방은 비무장지대 안에 감시초소(GP)를 전부 철수하기 위한 시범적 조치로 상호 1km 이내 근접해 있는 남북 감시초소 들을 완전히 철수하기로 하였다.

② 쌍방은 판문점 공동경비구역을 비무장화하기로 하였다.

③ 쌍방은 비무장지대내에서 시범적 남북공동유해발굴을 진행하기로 하였다.

④ 쌍방은 비무장지대 안의 역사유적에 대한 공동조사 및 발굴과 관련한 군사적 보장대책을 계속 협의하기로 하였다.

3. 남과 북은 서해 북방한계선 일대를 평화수역으로 만들어 우발적인 군사적 충돌을 방지하고 안전한 어로활동을 보장하기 위한 군사적 대책을 취해 나가기로 하였다.

① 쌍방은 2004년 6월 4일 제2차 남북장성급군사회담에서 서명한 '서해 해상에서의 우발적 충돌 방지' 관련 합의를 재확인하고, 전면적으로 복원 이행해 나가기로 하였다.

② 쌍방은 서해 해상에서 평화수역과 시범적 공동어로구역을 설정하기로 하였다.

③ 쌍방은 평화수역과 시범적 공동어로구역에 출입하는 인원 및 선박에 대한 안전을 철저히 보장하기로 하였다.

④ 쌍방은 평화수역과 시범적 공동어로구역 내에서 불법어로 차단 및 남북 어민들의 안전한 어로활동 보장을 위하여 남북 공동순찰 방안을 마련하여 시행하기로 하였다.

4. 남과 북은 교류협력 및 접촉 왕래 활성화에 필요한 군사적 보장대책을 강구하기로 하였다.

① 쌍방은 남북관리구역에서의 통행 통신 통관(3통)을 군사적으로 보장하기 위한 대책을 마련하기로 하였다.

② 쌍방은 동 · 서해선 철도 도로 연결과 현대화를 위한 군사적 보장대책을 강구하기로 하였다.

③ 쌍방은 북측 선박들의 해주직항로 이용과 제주해협 통과 문제 등을 남북군사공동위에서 협의하여 대책을 마련하기로 하였다.

④ 쌍방은 한강(임진강) 하구 공동이용을 위한 군사적 보장 대책을 강구하기로 하였다.

5. 남과 북은 상호 군사적 신뢰구축을 위한 다양한 조치들을 강구해 나가기로 하였다.

① 쌍방은 남북군사당국자사이에 직통전화 설치 및 운영 문제를 계속 협의해 나가기로 하였다.

② 쌍방은 남북군사공동위원회 구성 및 운영과 관련한 문제를 구체적으로 협의·해결해 나가기로 하였다.
③ 쌍방은 남북군사당국간 채택한 모든 합의들을 철저히 이행하며, 그 이행상태를 정기적으로 점검 평가해 나가기로 하였다.

6. 이 합의서는 쌍방이 서명하고 각기 발효에 필요한 절차를 거쳐 그 문본을 교환한 날부터 효력을 발생한다.

① 합의서는 쌍방의 합의에 따라 수정 및 보충할 수 있다.

② 합의서는 2부 작성되었으며, 같은 효력을 가진다.

2018년 9월 19일

대한민국 국방부장관 송영무

조선민주주의인민공화국 인민무력상 조선인민군 대장 노광철

3 종전선언 논쟁

개요

2018년 4월 1차 남북정상회담과 '판문점 선언'을 통해 2018년 연내 종전선언 추진계획을 발표했다. 하지만 이러한 계획은 순조롭게 진행되지 못했고, 이후 문 대통령은 2020년 유엔 총회 연설, 2021년 신년 회견 등에서 구체적인 북핵 협상의 진전이 없는 상태에서도 종전선언 추진을 지속적으로 언급했다. 그 과정에서 전문가들이 종전선언에 대해 나타낸 의견은 〈표 7-3〉과 같다.

긍정론은 종전선언이 도출된다면 북핵 문제 및 한반도 평화에 도움이 될 것이라 주장하며, 종전선언 추진을 찬성하는 논리이다. 부정론은 종전선언이 도출되어도 북핵 문제 및 한반도 평화에 도움이 되지 못할 것이라 주장하며, 종전선언 추진을 반대하는 논리이다. 신중론은 종전선언 추진 여부에 대해 신중을 기하는 입장이다.

〈표 7-3〉 종전선언 평가

필자	일자	논지	자료 종류
홍민	2018. 04.23	- 종전선언과 평화협정은 비핵화를 견인하고 체제 안전보장에 대한 신뢰를 보증하는 중요한 정치적 접착제 노릇을 할 수 있음.	경향 신문 링크

		– 남 · 북 · 미 종전선언은 평화 체제의 완결이 아니라 시작임. CVID는 기술적이면서 정치적인 것. 의구심은 기술적으로 온전히 해결하기 힘듦. 의구심은 정치적 신뢰의 문제임. https://www.khan.co.kr/article/201804232300005	
김용현	2018. 04.30	– 1953년 체제를 종식시키는 작업은 한반도 평화 체제 구축의 출발점임. – 남북한과 미 · 중이 종전을 선언하고 휴전협정 체제를 평화협정 체제로 바꾸는 과정에서 지속가능한 평화협정 체결을 이루는 것이 매우 중요함. 유념해야 할 점은 종전선언이 북 · 미의 한반도 비핵화 행보 역시 함께 진행되어야 함. https://www.khan.co.kr/article/201804302016015	경향 신문 링크
이대근	2018. 05.28.	– 종전선언은 북한의 핵 폐기를 유인할 수 있으며 잠정적인 체제 보장 효과를 노릴 수 있는 방안임. 미국이 종전선언을 하면 그 취지에 맞게 한미연합훈련 규모 축소나 취소 등 적절한 군사적 대결 상태 해소에 나서면 좋을 것.	경향 신문 링크
박종철	2018. 06.	– 종전선언을 통해 한반도 평화 논의의 동력을 확보하고 이를 통해 평화 정착에 이르는 통로를 확보하는 것이 필요함.	통일시대 4706~4707
이대근	2018. 08.24.	– 시간이 지나면서 종전선언은 비핵화–평화 체제 구축이라는 목적지에 도달하기 위한 필수 과정으로 굳어졌음. 하지만 최근 트럼프와 김정은의 종전선언에 관한 태도가 엇갈렸는데, 이는 북한이 핵 신고, 폐기 요구를 거부한 데 있음.	경향 신문 링크

		– 하지만 북 · 미 간 종전선언 문제로 교착 상황에 처했다는 것은 북핵 문제의 핵심에 접근했다는 의미임. https://www.khan.co.kr/article/201808241047001	
정영태	2018. 08.29.	– 종전선언은 문자 그대로 '정치적 선언'에 불과한 것임. – 하지만 불행하게도 북한의 종전선언 요구는 미국의 미온적 반응으로 벽에 부딪히고 있음. 미국은 북한의 완전한 비핵화 즉, 북한의 완전한 핵 포기를 요구하고 있음. 미북이 같은 자세를 견지하는 한 종전선언은 일어날 수 없는 사안이 될 수밖에 없음. 다만 종전선언은 여전히 살아있는 불씨임.	중앙일보 링크
이대근	2018. 09.07.	– 최근 북한은 '선 종전선언 후 비핵화 조치'라는 기존 입장을 다시 강조함. – 미국인이 믿고 있는 비핵화는 '북한이 핵을 포기하는 것'임. 그러나 이는 하나만 알고 둘은 모르는 것임. 비핵화 의미는 한 가지 더 있음. 북한이 핵을 보유하게 된 원인을 제거하는 것인데, 원인 제거는 미국이 해야 할 일임.	경향신문 링크
홍민	2018. 09.14.	– 최근 북한발 논조와 발언의 내용들을 보면, 놀라운 안보 프레임의 변화를 감지할 수 있음. 그 어느 때보다 비핵화를 위한 '안보 환경' 개선을 강조하고 있음. 그리고 '전쟁 공포', '무력 충돌 위협' 해소를 요구하고 있음. '종전선언'은 비핵화로 나갈 명분이자 주민 설득의 조건임.	경향신문 링크

양무진	2018. 10.12.	–(3차 남북정상회담을 앞두고) 현재 미국에서는 트럼프 대통령의 이니셔티브에 의해 북·미대화가 전개되고 있고, 이는 우리도 마찬가지임. 미 의회를 설득할 수 있는 새로운 페리 프로세스와 같은 확고한 로드맵이 있어야 함. –종전선언과 같은 단계적인 진전이 있어야 하고 남북 합의의 국회 비준도 필요.	경향 신문 링크
박인휘	2018. 10.	–비핵화·종전선언의 해법을 찾는 2차 북·미 정상회담이 열려야 함. 종전선언에 대한 개념 규정 및 의미 부여가 각자의 관점에 따라 다양하게 받아들여지는 현실적인 문제가 있음. –종전선언은 격식을 갖춘 정치적 이벤트를 통해 혹은 다양한 회담을 통한 정상들 발언 및 약속을 통해 이뤄질 수 있음.	통일 시대 4845~ 4847
도경옥	2019.	–(판문점 선언의 연장선상에서) 종전선언 문제는 기존의 사례에 비추어 그 적절성 여부를 판단하기보다는 동 선언이 비핵화 교섭 수단으로서 어느 정도로 유용한가의 관점에서 검토되어야 할 것임. https://www.kci.go.kr/kciportal/ci/sereArticleSearch/ciSereArtiView.kci?sereArticleSearchBean.artiId=ART002476133	통일 정책 연구 링크
윤덕민	2019. 02.11	–하노이에서 종전선언을 할 경우, 유엔사령부의 근거가 사라짐. 유엔사가 해체되면 유엔사 후방 기지들을 자유 사용할 근거가 없어짐. –정부는 종전선언이 정치 선언에 불과하고 유엔사나 주한미군에 아무 영향이 없다고 하지만, 문제는 간단하지 않음. 북한은 전략 목적을 달성하기 위해 미 본토 공격 능력을 배경으로 외교와 국제법을 총동원하는 집요함을 보임 https://www.chosun.com/site/data/html_dir/2019/02/10/2019021001854.html	조선 일보 링크

조성렬	2019. 06.24.	– 하노이 회담 이후 침체된 비핵화 협상에 동력을 불어넣을 필요성에는 한 · 미 양국이 공감하고 있음. 그런 점에서 남 · 북 · 미 3자 종전선언이 성사된다면 한반도 비핵화의 진전에 크게 이바지할 것.	경향 신문 링크
서보혁	2020. 11.	– 문 대통령이 제안한 종전선언과 '동아시아 방역 · 보건 협력체'는 적절한 제안임. 두 방안은 평화와 경제, 남북 양자채널과 역내 다자 채널이 조화를 이룰 수 있기 때문임.	통일 시대 5690~ 5691
박종철	2020. 12.	– 종전선언은 전쟁을 끝내고 우호적인 협력관계를 만들겠다는 의지를 표명하는 정치적 선언임. 종전선언을 입구로 해서 평화의 여정을 걷는 것이 현실적인 방안임. – 종전선언을 둘러싸고 북의 비핵화와 주한미군 문제 등의 쟁점이 존재하지만, 종전선언으로 비핵화 협상의 모멘텀을 마련한다는 점에서 그 의미가 있음.	통일 시대 5729~ 5730
강인선	2021. 09.24	– 최근 임기 마지막 유엔 총회 연설에 나선 문재인 대통령은 다시 종전선언 얘기를 반복했음. 문 대통령이 "북한 핵 개발 계획이 전력 질주하고 있다"라는 국제원자력기구(IAEA)의 경고를 몰랐을 리 없음. 문 대통령의 연설을 들은 국제사회는 종전선언에 대한 의지보다 변화하는 세상에 발맞추지 못하는 한계를 감지했을 것. https://www.chosun.com/opinion/inseon_live/2021/09/24/EHA6ZTDL5VADHEUHOWMYVI7WM4/	조선 일보 링크

박원곤	2021. 09.29.	– 문재인 정부는 다시 한번 시험대 서 있음. 25일 김여정이 담화를 통해 밝힌 종전선언, 남북공동연락사무소, 남북정상회담 가능성에 한껏 고무됐지만 북한은 미사일 발사로 바로 청구서를 내밀었음. https://www.donga.com/news/article/all/20210928/109461989/1	동아 일보 링크
이정철	2021. 10.26.	– 종전선언을 두고 열정과 냉소 그리고 기대와 우려가 교차되며 갑론을박이 한창임. 우리 야당은 종전선언이 혹여나 대선에 영향을 줄까 걱정임. 미국 내에서는 혹여나 종전선언이 대북 유화정책이라는 비판의 소리를 들을까 고심하고 있음. – 이래서는 북한이 사고를 쳐야 대통령이 관심을 갖게 되는 벼랑 끝 외교의 출현을 피할 수 없게 마련. https://www.khan.co.kr/article/202110260300095	경향 신문 링크
강인선	2021. 11.03	– 임기 말에 접어든 문재인 대통령이 '종전선언'에 올인하고 있음. – 3년 전 워싱턴의 많은 전문가는 한국 방어에 대한 제대로 된 준비 없이 주한미군의 지위를 변경하고 유엔사 해체의 빌미를 줄 종전선언의 후폭풍을 우려했음. 설익은 종전선언은 북한과 중국에 좋은 일일 뿐이라고 생각했던 것. https://www.chosun.com/opinion/inseon_live/2021/11/03/B3JPZVOB5FAA3MNDEL622JSQWQ/	조선 일보 링크

요약

종전선언에 관한 자문위원들의 전체적인 안보정향은 긍정론에 조금 더 가까웠다. 총 19건의 글 중에서 긍정론이 7건, 신중한 긍정론이 6건, 신중론이 1건, 부정론이 5건으로 나타났다.

신중한 긍정론자들은 종전선언 체결이 북핵 협상과 한반도 평화 체제의 주춧돌이 될 것이라 기대하고 북·미협상과 남북정상회담을 통해 종전선언 논의가 진전될 것이라고 예상하는 경우가 많았다. 반면 부정론자들은 종전선언이 한미동맹과 한국의 안보에 악영향을 끼치거나 북한이 종전선언에 큰 진정성을 보이지 않고 있다고 보는 경향이 있었다.

문재인 정부 총평

문재인 정부는 집권 초기(2017년 7월)부터 한반도 평화구상을 담은 '베를린 선언'을 발표하는 등 과감한 대북정책을 추진했다. 자문위원들도 그 결과 성사된 세 차례의 남북정상회담과 9.19 군사합의가 한국의 안보에 대해 긍정적이라고 주로 평가했다. 그리고 지속적으로 문 대통령이 강조했던 종전선언 추진도 만약 성사되었다면 한국의 안보에 긍정적이었을 것이라는 평가가 많았다.

하지만 문재인 정부 말기에 이러한 문재인 정부의 노력은 결과론적으로 결실을 보지 못했다. 2020년 한국이 건축한 남북공동연락사무소를 북이 무단 폭파했을 당시 자문위원들도 북에 대해 강경한 대응을 요구하는 주장이 많았다.

제8장

보론 : 윤석열 정부

제8장 보론 : 윤석열 정부

윤석열 대통령의 임기는 2022년 5월~2025년 4월로서 대통령의 실명을 넣은 윤석열 정부라는 명칭으로 불리며 제6공화국의 8번째 정부이다. 자유로운 시장경제, 친서방 주의와 강력한 한미동맹 공조를 강화하는 동시에 일본, 영국, 호주 등의 국가와도 공조를 강화하고자 했다.

우선, 역대 정부에서 쓰여 왔던 청와대 집무실을 용산 국방부 청사로 이전하면서 역대 정부의 청와대 시대를 마감하고, 이른바 용산 시대를 개막한 정부이다. 하지만 대통령실 용산 이전 결정에 무속인의 개입 의혹, 도어스테핑(출근길 약식 기자 회견) 중단 논란 등을 두고 뒷말이 무성했다.

제20대 대선에서 0.73%p의 매우 근소한 차이로 이재명 후보를 이긴 윤석열 대통령은 역대 대통령 대비 비토층이 많고, '마이웨이'를 고수한 오만·불통 이미지에 의료 공백까지 겹치면서 국정 지지율도 20~30%대의 박스권에 머물기도 했다.

또한 윤 대통령은 취임사에서 "북한의 핵 개발에 대해서도 그 평화적 해결을 위해 대화의 문을 열어 놓겠다"라는 '담대한 구상(비핵, 평화, 번영)'을 내걸었다. 그러나 이에 일절 호응하지 않는 북한의 의도적 무시로 결국 '담대한 구상'이란 대북 정책 추진은 별다른 성과 없이 종식되었다. 이에 따라 남북 관계는 완전 단절 국면으로 접어들었으며 취임사 공언과 달리 북핵 문제 해결을 위한 실질적 대화 노력이 없었다. 결국 북한을 대화의 장으로 이끌어내지도 못했고 국민에게 다가가는 노력도 부족했다고 한다.

윤석열 정부의 다자외교 첫 데뷔 무대는 2022년 6월 개최된 북대서양조약기구(NATO) 정상 회의이다. 윤석열 대통령은 나토 73년 역사상 한국 정상의 최초 참석으로 예측 불가한 국제 정세 속에서 포괄적 안보 네트워크를 구축하는 좋은 계기가 되었다.

그러나 윤석열 정부는 2022년 9월 영국 엘리자베스 2세 여왕 조문을 취소한 데 이어 한미 정상회담 불발과 저자세 한일 정상회담 논란이 이어졌다. 그리고 미 의회를 지칭한 듯한 외교 욕설 즉, "국회에서 이 새끼들이 승인 안 해주면 바이든이 쪽팔려서 어떻게 하나?"라는 욕설 파문으로 리더십 위기에 봉착하기도 했다.

여기서 '지록위마(指鹿爲馬)' 고사에 버금가는 '바이든 날리면'이라는 신조어까지 등장했다. 그 이후 2023년 4월 한미 정상회담이 이뤄졌고, 한미 정상은 정상회담 공동선언과 별도로 '워싱턴 선언'을 채택했다. 하지만 2022년 11월 프놈펜 한미일 정상 회의에서는 북핵 문제, 경제 안보 및 글로벌 현안 관련 협력 강화 등의 성과를 거두기도 했으며 2023년 8월, 캠프 데이비드에서 한미일 3국은 안보, 번영, 인도-태평양 지역 안정을 위해 '캠프 데이비드 원칙'에 합의하는 한미일 정상회담 공동 성명서를 채택하기도 했다.

한편, 경색된 한일 관계 개선을 위해 12년 만에 개최된 한일 정상회담에서 셔틀 외교 복원 등에 합의했다. 하지만 한일 관계 최대 현안인 강제징용 피해 제3자 변제 방안과 일본 사도 광산 유네스코 등재 찬성, 후쿠시마 핵 폐수 해양 방류 용인 등에 대한 부정적 여론이 높았다. 뿐만 아니라 윤석열 정부의 대북 강경책 지속 강화와 북한의 적대적 2국가론, 북러군사동맹 복원 등으로 남북 관계가 최악의 국면에 접어들었다.

이런 가운데 윤석열 대통령이 2024년 12월 3일, 김건희 특검법 발의, '명태균 게이트' 등 겹겹이 악재에 부닥친 상황에서 불법 비상계엄을 선포하여 탄핵 소추돼 직무가 정지되었으며, 현직 대통령이 내란 수괴 혐의로 구속 기소된 미증유의 국가적 위기 상황이 초래되었다. 2025년 4월 4일, 결국 윤 전 대통령은 헌재에서 탄핵소추 인용 결정으로 파면됐다.

1 한미 정상회담과 한미일 공조 그리고 민감국가 지정

2022년 5월 윤석열 정부 출범 10여 일 만에 조 바이든 미국 대통령이 방한하여 첫 한미 정상회담이 개최되었으며, 북으로부터의 전통적 안보 위협뿐 아니라 '글로벌 포괄적 전략 동맹'으로서 한미동맹의 비전에 대해 합의하고 이를 정상 공동 성명에 명시했다. 양 정상은 그동안 중단, 축소된 연합 훈련의 확대를 위한 협의를 개시하고 우주, 사이버 등 첨단 국방 기술 분야에서의 협력도 강화해 나가기로 했다. 아울러 가치와 규범에 기반한 국제 질서를 강화하기 위한 한미일 3국 협력의 중요성도 강조하였다는 점에서 내실 있고 구체적인 성과를 거두었다고 평가되고 있다.

2023년 4월, 윤석열 대통령과 조 바이든 미국 대통령이 워싱턴 D.C. 백악관에서 정상회담을 가졌으며 이 회담을 통해 글로벌 포괄적 전략 동맹, 인도 태평양 전역에서의 협력 확대 등에 합의했다. 한미 정상은 공동 성명과 별도로 채택한 '워싱턴 선언'을 통해 한국에 대한 미국의 확장 억제 수단에 핵을 포함한 미국 역량을 총동원하여 지원한다는 점을 명시했으며, 그 대신 한국은 핵확산금지조약(NPT)을 준수한다는 기존 방침을 재확인했다.

- '워싱턴 선언(2023)' 전문 -

대한민국 윤석열 대통령과 미합중국 조셉 R. 바이든 대통령은 한미동맹 70주년을 기념하기 위해 오늘 2023년 4월 26일에 회동하였다. 우리 두 나라의 동맹은 공동의 희생 속에서 주조되고 항구적인 안보협력을 통해 강화되었으며, 양국의 외교 역량을 활용한 긴요하고 전략적인 대업을 평화롭게 달성 가능케 한 긴밀한 연대를 자양분으로 하여 발전해 왔다. 안보 파트너십으로 시작된 한미동맹은 민주주의 원칙을 옹호하고, 경제협력을 강화하며, 기술 발전을 주도하는 진정한 글로벌 동맹으로 성장하고 확장되었다. 우리의 동맹은 연이은 도전에 맞서서도, 언제나 굴하지 않고 일어섰고, 한반도와 인도-태평양에서 변화하는 위협에 대응하였다.

우리 동맹에 역사적인 해를 기념하기 위해 윤 대통령과 바이든 대통령은 더욱 강화된 상호방위관계를 발전시키기로 약속했으며, 한미상호방위조약에 따른 연합방위태세를 유지하겠다는 공약을 가장 강력한 언어로 확인한다. 한미 양국은 인도-태평양의 평화와 안정을 위해 노력하며, 우리가 함께 취하는 조치들은 이러한 근본적인 목표를 더욱 발전시킬 것이다.

한국은 미국의 확장억제 공약을 완전히 신뢰하며 한국의 미국 핵억제에 대한 지속적 의존의 중요성, 필요성 및 이점을 인식한다. 미국은 미국 핵태세보고서의 선언적 정책에 따라 한반도에 대한 모든 가능한 핵무기 사용의 경우 한국과 이를 협의하기 위한 모든 노력을 다할 것임을 약속하며, 한미동맹은 이러한 협의를 촉진하기 위한 견실한 통신 인프라를 유지해 나갈 것이다. 윤 대통령은 국제비확산체제의 초석인 핵확산금지조약(NPT) 상 의무에 대한 한국의 오랜 공약 및 대한민국 정부와 미합중국 정부 간 원자력의 평화적 이용에 관한 협력 협정 준수를 재확인하였다.

한미동맹은 핵억제에 관해 보다 심화되고 협력적인 정책결정에 관여할 것을 약속하며, 이는 한국과 지역에 대해 증가하는 핵 위협에 대한 소통 및 정보공유 증진을 통하는 것을 포함한다. 양 정상은 확장억제를 강화하고, 핵 및 전략 기획을 토의하며, 비확산체제에 대한 북한의 위협을 관리하기 위해 새로운 핵협의그룹(NCG) 설립을 선언하였다. 아울러, 한미동맹은 유사시 미국 핵 작전에 대한 한국 재래식 지원의 공동 실행 및 기획이 가능하도록 협력하고, 한반도에서의 핵억제 적용에 관한 연합 교육 및 훈련 활동을 강화해 나갈 것이다. 양 정상의 약속을 이행하는 차원에서, 한미동맹은 핵 유사시 기획에 대한 공동의 접근을 강화하기 위한 양국간 새로운 범정부 도상 시뮬레이션을 도입하였다.

바이든 대통령은 한국과 한국 국민들에 대한 미국의 확장억제가 항구적이고 철통같으며, 북한의 한국에 대한 모든 핵 공격은 즉각적, 압도적, 결정적 대응에 직면할 것임을 재확인하였다. 바이든 대통령은 한국에 대한 미국의 확장억제는 핵을 포함한 미국 역량을 총동원하여 지원된다는 점을 강조하였다. 나아가, 미국은 향후 예정된 미국 전략핵잠수함의 한국 기항을 통해 증명되듯, 한국에 대한 미국 전략자산의 정례적 가시성을 한층 증진시킬 것이며, 양국 군 간의 공조를 확대 및 심화시켜 나갈 것이다. 나아가 한미 양국은 한미동맹이 잠재적인 공격과 핵 사용에 대한 방어를 보다 잘 준비할 수 있도록 확장억제전략협의체(EDSCG)를 포함해 확장억제에 관한 정부 간 상설협의체를 강화하고, 공동 기획 노력에 정보를 제공하기 위한 시뮬레이션을 실시할 것이다.

윤 대통령은 한미동맹의 연합방위태세에 한국의 모든 역량을 기여할 것임을 확인하였다. 이는 한국의 새로운 전략사령부와 한미연합사령부 간의 역량 및 기획 활동을 긴밀히 연결하기 위해 견고히 협력하는 것을 포함한다. 이러한 활동에는 미국 전략사령부와 함께 수행하는 새로운 도상훈련이 포함된다.

이러한 중요한 발전들의 견지에서 윤 대통령과 바이든 대통령은 양국의 공동의 안보에 대한 모든 위협에 맞서 함께 할 것이라는 확고한 메시지를 국제사회에 전하며, 확장억제 강화를 위한 향후 조치들에 대한 긴밀한 협의를 지속해 나갈 것이다. 동시에 양 정상은 한반도의 완전한 비핵화 달성이라는 공동의 목표를 진전시키기 위한 수단으로 북한과의 전제조건 없는 대화와 외교를 확고히 추구하고 있다.

[네이버 지식백과] 워싱턴선언(2023) (시사상식사전, pmg 지식엔진연구소) 참조

2023년 8월, 조 바이든 미국 대통령 초청에 의해 캠프 데이비드에서 한미일 3국 정상회담을 개최했으며, 이 자리에서 한미일 안보 협력과 관련된 정신(spirit), 원칙(principle), 기여(commitment)에 대한 내용을 담은 공동 성명서를 발표했다. 이 캠프 데이비드 선언은 한미동맹과 미일 동맹을 기반으로 한 한미일 안보 협력 강화를 선언한 최초의 3국 간 공동 성명이었다. 성명서에서는 중국의 군사적 팽창, 북한의 핵미사일 위협, 남중국해와 대만 해협에서의 평화와 번영을 저해하는 행위에 대해 공동 대응을 약속했다. 이를 통해 한미일 3국 간의 협력이 강화되었다는 점을 확인할 수 있으며, 3국 간 협력의 새로운 장을 마련하는 계기가 되었다고 한다. 특히 한미 정상회담과 한미일 공동 성명 그리고 워싱턴 선언이 북한에 대해 강력한 한미, 한미일 공조의 분명한 메시지라는 점을 담고 있다는 평가이다.

2025년 2월 도널드 트럼프 미국 대통령과 기시다 후미오 일본 총리의 미·일 정상회담에서 북미 간 대화 재개와 북한 비핵화를 위한 협력에 합의했다. 이에 대해 정부 여당의 입장 표명이 없는 가운데 제1 야당의 이재명 대표가 도널드 트럼프 미국 대통령의 북미 대화 재개 노력을 지지하면서 “트럼프 대통령을 노벨 평화상 후보로 공식 추천하는 상황이 있기를 바란다”라는 당 차원의 의견으로 공식화했다. 이는 매우 이례적인 대응으로 국가 안보 위기 극복을 위한 초당적인 대처로 평가되기도 한다.

한편 한일 정상회담 이후, 같은 달 열린 트럼프 미국 대통령과 젤렌스키 우크라이나 대통령의 백악관 정상회담이 예상 밖 최악의 외교 참사로 끝났다. 이 회담에서 트럼프 대통령은 전쟁의 피해국 대신 침략국 러시아 편에 서서 동맹국 지도자 젤렌스키 대통령을 매도하고 회담장에서 사실상 쫓아냈다. 그날 펼쳐진 기괴하고 참담한 광경은 전 세계에 큰 충격을 줬고, 미국이 국익 앞에서는 동맹 가치도 저버린다는 메시지와 자유 진영의 리더 지위를 스스로 내던진 장면이었다.

이에 대해 외신은 "트럼프의 계산된 정치적 매복이자 미국 리더십의 부끄러운 실패"라며, 미국이 동맹국의 주권을 무시한 채 러시아와 손을 잡고 유럽과 대립하는 구도를 형성하고 있다고 지적했다. 반면 백악관은 "트럼프가 미국의 이익을 위해 맞섰다"라고 논평했다.

이는 동맹의 기존 가치를 저버린 트럼프 2기의 극단적 아메리카 퍼스트(미국 우선주의)가 내세운 국익과 힘의 논리다. 하지만 이러한 '미국 우선주의 대외 정책이 국익을 우선시하는 수준을 넘어, 미국이 2차 세계대전 이후 형성해 온 자국 중심의 동맹 시스템을 스스로 해체하고 있다는 평가가 나온다. 게다가 트럼프 대통령은 한국을 '머니 머신(money machine 부유한 국가)'이라고 표현하는가 하면 '안보 무임승차론'까지 거론하며 안보를 볼모로 관세 폭탄(상호관세율 25% 부과)과 방위비 증액 요구, 한반도 정책 변화 등을 예고하고 있다.

그리고 트럼프 2기 백악관은 공식적으로 '북한에 대한 완전한 비핵와' 입장을 밝히고 있다. 하지만 트럼프 미국 대통령은 북한을 '큰 핵 국가,' '뉴클리어 파워(Neclear Power 핵보유국)'로 언급하고 있어 논란이 제기되고 있다. 이는 북한 비핵화보다는 핵군축이나 동결 등 스몰 딜(small deal 소규모 합의)을 염두에 둔 북핵 협상일 수도 있어 주목된다. 더구나 이런 내용의 협상에 합의하기 위해 한국을 건너 뛰고 미북이 직접 대화를 통해 북핵 보유국 지위를 인정할 수도 있다는 점이다. 이에 대해 트럼프 1기 행정부 국가 안보 정책을 총괄했던 볼턴 전 보좌관은 "트럼프 대통령이 우크라이나 종전 협상 과정에서 우크라이나의 이익을 고려하지 않고 러시아와 직접 대화한 사례처럼 한국의 이익과 관계없이 미국이 북한과 직접 대화에 나설 수 있다"라고 전망했다.

이같은 국제 질서 재편 격변기에 한미동맹에만 안보를 의지하고 있는 한국의 안보 구조는 안보 측면에서 불완전하기 때문에 안보 구조 재설계 필요성이 커지고 있다. 이에 따라 안보와 북핵 문제에서 우크라이나와 같은 최악의 상황을 상정해 국익과 안보를 지키기 위해 한미동맹과 한미일 안보 협력이라는 대원칙을 유지하면서도, 자체적으로 안보 능력을 갖추기 위한 모든 대비책을 강구해야 할 때라고 한다.

이런 가운데 2025년 3월 미국이 한국의 원자력 및 인공지능 등의 기술 협력에 제한이 생길 수 있는 '민감 국가(Sensitive Country)' 리스트에 동맹국인 한국을 추가했다. 그러나 실제로는 조 바이든 정부 말기인 1월 초, 비상 계엄령 선포에 따른 정치적 격변기 때 이뤄졌다고 한다. 민감 국가는 국가 안보, 핵 비확산, 경제 안보 위협, 테러 지원 등 미국 안보에 위협이 되거나 핵무기 개발 우려가 있는 나라를 뜻한다. 이러한 미국의 조치는 한미 간 군사적 첨단 기술 분야 협력에 제약이 따를 수 밖에 없고, 그동안 전략적 협력의 지평을 넓혀 온 한미동맹 관계에 부정적 영향을 미칠 수 있다. 더 나아가 다른 핵보유국으로 확산돼 한국에 대한 경제 제재가 발생할 수 있으며, 국제사회에서 한국의 위상에도 큰 타격을 입을 가능성이 높다. 특히 북한의 핵 능력이 고도화된 상황에서 한국의 민감 국가 지정은 한미동맹의 균열뿐만 아니라 한국의 안보에 직접적인 영향을 미칠 수 있다는 전망이 나온다.

이와 관련해 미국 내 전문가들은 미국이 한국의 '민감 국가' 결정 배경으로 윤석열 대통령의 핵무장론과 비상계엄 선포를 꼽으면서 한국에 모욕적인 조치라고 평가했다. 군사 전문가인 브루스 베넷 교수는 "한국의 자체 핵무장이 민감 국가 지정에 영향을 줬을 수 있으며 미국은 한국의 핵무장을 보고 싶어 하지 않는다"라고 지적했다.

실제로 윤 대통령은 한미 정상회담 이전에 자체 핵무장론을 몇 차례 언급하기도 했다. 그러나 2023년 4월 한미 정상회담 때 이른바 '워싱턴 선언'에서 핵확산금지조약(NPT) 준수를 공식적으로 재확인했다. 그런데 '워싱턴 선언' 준수 약속 이틀 뒤 하버드 대학 강연에서 "마음만 먹으면 한국은 1년 안에 핵무장을 할 수 있다"라고 직전의 입장을 번복했다. 이는 국가적 차원의 약속을 2일 만에 뒤집어 NPT 조약 위반 가능성을 높여 준 윤석열 정부에 대한 미국 바이든 정부의 불신만 키웠고, 결국 민감 국가 지정의 원인이 되었다고 한다. 한국 내에서도 한국의 민감 국가 지정은 현직 대통령과 정치권 일각의 무분별한 핵무장론이 불러온 외교 참사라고 지적한다. 또 윤 대통령이 비상계엄을 선포하는 과정에서 동맹국인 미국에 일절 알리지 않았다는 점도 영향을 미쳤다고 한다.

이처럼 한미 관계의 불확실성이 커지는 상황에서 한국은 미국의 트럼프 2기 정부와 긴밀히 협의하면서 민감 국가 지정 철회를 위한 대응 외교에 총력을 기울여야 할 것이다. 더불어 한국의 자체 핵무장론과 같은 민감한 외교 안보 사안에 대해서는 신중한 접근이 필요하고, 외교적 신뢰 회복과 전략적 협력 강화가 무엇보다 중요하다.

2 9·19남북군사합의 파기와 북한의 2국가론

9 · 19남북군사합의서는 한반도의 평화와 번영, 통일을 위한 '판문점 선언'을 이행하기 위해 2018년 9월 19일 체결된 남북 간의 군사 분야에 대한 합의사항이다. 남북 간 일체의 적대 행위 중지와 비무장지대 평화지대화, 서해상 평화수역화 등을 포함하고 있다. 이는 2차례의 남북정상회담에 이어 체결됐으며 군사적 충돌 위험을 최소화하고, 남북 간 신뢰 구축에 중요한 역할을 기대했다.

그렇데 북한이 2023년 11월 군사정찰위성 '만리경 1호'를 발사하자 윤석열 정부는 9 · 19남북군사합의 일부 조항(합의서 1조 3항)에 대한 효력 정지를 하면서, 과거 시행했던 군사분계선(MLD) 일대의 대북 정찰 감시 활동도 즉각 재개하기로 했다. 이는 1971년 남북 당국간 최초로 체결된 '적십자예비회담에 관한 합의서' 이후 현재까지 채택된 남북합의 중 남측이 먼저 이행 중단을 공식 선언한 첫 사례였다. 이에 반발한 북한은 맞대응으로 모든 군사 조치를 회복한다고 밝히면서 하루 만에 군사합의 파기를 선언한다고 했다. 윤석열 정부의 이 같은 조치는 애초 문재인 정부가 불리한 조건으로 남북군사합의를 체결했다는 불신이 컸던 만큼 이미 예정된 수순이 아니었냐는 분석도 있다.

그러다가 윤석열 정부는 2024년 6월 연이은 대남 오물 풍선 살포 등과 같은 국지적 도발에 따른 대응 차원에서 9·19남북군사합의 전체의 효력을 정지했다. 이에 따라 한반도의 안전핀으로 평가됐던 9·19남북군사합의는 6년 만에 폐기됐다. 이로써 9·19남북군사합의에 의해 제약받아온 군사분계선 일대의 군사 훈련이 가능해지고, 북한의 도발에 대한 우리 군의 즉각적인 대응조치와 대북 확성기 방송을 재개할 수 있게 되었다.

이러한 조치에 대해 국방부는 윤석열 정부의 국방 분야 성과 중 하나로 '9·19남북군사합의' 효력 정지를 꼽았다. 남북군사합의 효력 정지로 북한 도발을 억제하기 위한 군사 대비 태세를 한층 높였다는 긍정적인 평가 이유에서다.

하지만 안보 전문가들을 9·19남북군사합의 파기로 한반도에 군사적 긴장이 고조되고 있는 상황이며, 군사적·우발적 무력 충돌 가능성이 커질 것으로 전망하고 있다. 실제로 9·19남북군사합의 이후 국지적 도발은 있었지만 남북간 군사적 충돌이 단 1건도 없었다는 점을 강조하고 있다.

또한 9·19남북군사합의 이전에도 남북은 총 258건의 크고 작은 합의가 있었으며 대부분 합의만 해놓고 이행되지 않는 등 이미 사문화됐거나 북측의 일방적 파기에도 남측만 계속 이행하고 있는 실정이다. 북한은 그동안 남북 합의에 대해 6회 이상 파기나

백지화 등을 공식 선언했음에도 한국은 9 · 19남북군사합의 효력 정지 이전까지 어떤 형태로든 남북 합의 이행 중단을 선언한 적이 없었다. 이는 이전 정부들이 남북 합의사항을 존중해온 것은 중장기적으로 남북 관계에 미칠 영향을 고려했을 뿐만 아니라 남측이 먼저 남북 합의를 어기면 국제사회에서 대북 제재할 명분이 사라진다는 점에서 신중하게 대처했던 것으로 풀이된다.

그럼에도 윤석열 정부에서 9 · 19남북군사합의를 '매국 행위'나 '안보 자살골'로 비난했던 대북 강평파 인사들을 안보 관련 장관에 발탁할 때부터 남북군사합의 파기는 이미 예정된 수순이었다고 한다.

이에 대해 "우리 정부의 9 · 19남북군사합의 일부 효력 정지는 북한에게 전체 합의 파기의 명분을 먼저 제공한 것은 악수 중의 악수이다(양무진 교수)"라고 평가하는 반면 "9 · 19남북군사합의의 파기는 북한이 자초한 측면이 있다(조한범 박사)"라고 평가했다. 그리고 "남북한은 이제 완충 장치가 사라진 상태에서 그게 우발적이든 의도적이든 언제든지 군사적 충돌이 가능한 시기로 접어들었다(고유환 교수)"라고 부정적인 전망을 내놓았다. 9 · 19남북군사합의 파기는 남북 간 신뢰를 크게 훼손하는 결과를 낳았고, 결국 군사적 긴장 국면으로 회귀하게 되어 한반도의 군사적 충돌 가능성을 한층 고조시키고 있다고 한다.

또한 2024년 새해 벽두에 북한 김정은 정권의 적대적 2국가론이 등장했다. 북한은 남북 관계가 더 이상 동족 관계, 동질적 관계가 아닌 적대적인 두 국가 관계, 전쟁 중에 있는 두 교전 국가로 고착된 것으로 규정했다. 즉 북한의 주적이 미국에서 한국으로 바뀌는 것과 민족, 통일 개념 폐기가 2국가론의 핵심이며, 남북 관계를 전쟁 관계로 전환하고 평시에서 전시 상황으로 전환했다는 점이 2국가론의 위험성이다. 북한의 2국가론에는 "전쟁 발발 시 대한민국을 완전히 점령, 평정, 수복하겠다"라는 형태를 띠고 있기 때문이다. 더구나 김정은 북한 국무위원장이 김일성 시대의 조국 통일 유훈을 기리기 위해 김정일 시대에 세운 '조국통일3대 헌장기념탑' 철거도 지시했다는 점은 선대의 조국 통일 정책 유훈까지 부정하는 초강수를 두었다고 분석한다.

이같이 북한의 대남 정책이 근본적으로 바뀐 2국가론이 나온 배경에는 한미일 안보 협력 확대에 대한 강경 대응과 핵미사일 능력고도화 및 북러 군사동맹 복원에 대한 자신감 등이 작용했다고 한다. 더해 미국 등 서방국으로부터 핵보유국 지위를 인정받고 북한 내부 통제와 체제 결속을 위해 한반도의 군사적 긴장을 고조시키려는 의도라는 분석도 나온다. 한편 북한이 남북 관계를 적대적 2국가론으로 규정하고 동족 개념을 폐기한 것은 남북의 통일 담론 경쟁에서 북한이 수세적 국면에 진입한 것을 의미하며, 결정적 패착이라는 전문가 평가도 나왔다. 이에 대해 북한 내에서 "불만이 싹트고 있어 내부 통제가 급하다 보니 통일론을 버리고 남북 관계를 두 개의 적대적인 국가라고 규정하는 극단의 선택을 했고, 김정은도 내부에서 무너지게 되면 핵도 북한 체제를 지켜주지 못하는 걸 알고 있다(전성훈 교수)"라고 분석했다.

이처럼 북한의 2국가론의 위험성과 지속적인 핵 위협에 따른 현실적 대응으로 자주 국방력 강화를 위한 자체적인 핵 억지력 확보가 필요하다고 한다. 이에 대해 전문가들은 "도널드 트럼프 대통령은 미국의 동맹국을 위해 싸우지 않을 것이며 한미동맹은 더 이상 미국의 한국전 참전을 보장해 줄 수 없다(부산대 로버트 켈리 교수)"와 "한국이 미국의 핵우산(Nuclear Umbrella)에만 의존하는 것이 너무 위험하며 독자적인 핵 억제력을 갖춰야 할 때(김민형 교수)"라고 진단했다. 물론 미국은 한국의 핵무장에 반대하지만 북핵 위협과 미국의 확장 억제력 약화 등으로 인해 결국 이를 수용할 것이라는 분석도 있다. 하지만 최근 미국이 한국을 '민감국가'로 지정했다는 점은 한국의 핵무장을 감시하고 용인하지 않겠다는 것으로 봐야 한다. 더구나 박정희 정부 때인 1975년 핵확산금지조약(NPT)에 가입한 한국이 핵무기 개발을 하려면 NPT 차원에서 승인을 받아야 하는데 이는 사실상 불가능한 일이다. 즉 핵확산금지조약에 정상 비준국인 한국이 핵무장을 하려면 북한이 그랬듯이 NPT와 IAEA(국제원자력기구)를 탈퇴해야 하고, 그에 따른 국제사회의 경제 제재를 당해 북한과 같은 고립 상태를 초래할 수 있기 때문이다.

3 한일 정상회담과 과거사 문제 그리고 북러 군사동맹

2023년 3월 일본 도쿄에서 한국의 윤석열 대통령과 일본 기시다 후미오 총리 간의 한일 정상회담이 개최되었다. 안보 · 전략적 환경이 급변하는 국제 정세 속에서 경색된 한일 관계를 완화 개선해야 한다는 양국 정상의 인식에 기반하여 12년 만에 이루어졌다. 한일 양국은 그동안 단절되었던 셔틀 외교(shuttle diplomacy) 재개와 일본의 수출 규제 조치 해제 및 지소미아 정상화 등에 합의했다. 또한 한국 정부의 강제징용 피해자에 대한 제3자 대위변제(피해자에게 가해 일본 기업 대신 한국 정부 산하 재단이 배상) 해법안에 대해 일본 정부가 동의하였고, 양국 정상은 김대중-오부치 공동선언(1998년)에 입각하여 한일 관계를 발전시켜 나가야 한다는데 일치된 입장을 내놓았다. 한편 일본 정부는 1965년 한일 국교 정상화로 한일 간의 청구권 문제는 해결되었다는 입장이며, 한일 관계에 있어서 역사 인식 문제보다는 국가 간의 합의를 우선시하는 입장을 보였다. 한일 정상회담 결과에 대해 구테흐스 유엔 사무총장은 "한일 관계에 새 미래로 가는 모멘텀(monentum)을 만들었다"라고 했으며, 주요 외신들도 세계 정세 속 한일 관계의 완화는 미국 바이든 행정부의 승리이고 중국 측에서는 원치 않는 시나리오라고 평가했다. 정부 여당은 '한일 관계의 판을 바꾸었다'라고 자평했지만, 야당과 강제 징용 피해자 측은 삼권 분립을 부정한 위헌적 제3자 변제는 헌법을 수호해야 하는 대통령이 대법원판결을 사실상 무효화시킨 것이며, 구상권 청구도 포기한 셀프 변제, 굴욕 외교라고 반발했다.

한편 한일 관계 개선에 의욕을 보인 윤석열 정부의 급속한 대일 접근에는 미국의 요구도 작용했다고 한다. 즉, 한미일 안보 협력을 통해 중국을 봉쇄하고, 한국을 미일의 인도·태평양 전략 속에 편입시키려는 미국의 요구에 호응했다는 점에서 한일 정상회담은 '안보와 경제를 위해 역사를 희생한 회담'이라는 평가도 있다.

그해 5월, 1차 한일 정상회담을 한 52일 뒤 일본 기시다 후미오 총리가 방한해 실무 방문 급 한일 정상회담을 서울에서 개최했다. 이 회담은 종전의 1차 회담에서 마무리되지 않은 다양한 의제들이 다루어졌고, 화이트리스트 복원, 북한의 핵미사일 고도화와 도발에 맞서 한일, 한미일 차원의 안보 협력 강화, 후쿠시마 핵폐수 관련 한국 사찰단 현장 파견 합의가 이루어졌고, 마지막으로 일본 기시다 총리의 과거가 문제에 대한 유감 표명이 있었다.

한일정상회담 공동기자회견 中

일본어

- 多くの方が過去の痛い記憶を忘れずに未来のために心を開いてくれたことに感動しました。
- 私自身は当時、過酷な環境で多くの方が非常に苦痛で悲しいことを経験されたことに心が痛みます。
- そして3月に尹大統領が訪日した際、私は1998年10月に発表された日韓共同宣言を含め、歴史認識に関する歴代内閣の立場を全体として継承すると明確に申し上げました。 この政府の立場は今後も揺るぎません。
- 日韓間には様々な歴史や経緯がありますが、困難な時期を乗り越えてきた先人たちの努力を引き継ぎ、未来に向けて尹大統領をはじめとする韓国側と協力していくのが日本の首相としての私の責務だと思います。

한국어

- 많은 분이 과거의 아픈 기억을 잊지 않으면서도 미래를 위해 마음을 열어주신 것에 감동했습니다.
- 저 자신은 당시 혹독한 환경에서 많은 분이 매우 고통스럽고 슬픈 일을 겪으셨다는 것에 **마음이 아픕니다.**
- 그리고 3월 윤 대통령이 방일했을 때 저는 1998년 10월 발표된 일한공동선언을 포함해 역사 인식에 관한 역대 내각의 입장을 전체적으로 계승한다고 **명확히 말씀드렸습니다. 이 정부의 입장은 앞으로도 흔들리지 않습니다.**
- 일한간에는 다양한 역사와 경위가 있지만 어려운 시기를 극복해 온 선인들의 노력을 이어받아 미래를 향해 윤 대통령을 비롯한 한국 측과 협력해 나가는 것이 일본 총리로서 저의 책무라고 생각합니다.

- 기시다 일본 총리의 과거사 문제에 대한 유감 표명 中 -

이 같은 일본 기시다 총리의 과거사 문제에 대한 유감 표명이 있었지만, 오히려 '개인의 입장'이라는 전제를 붙임으로써 '진정성 부족'이 다시 확인되면서 오히려 사죄의 표현을 불명확하게 만들었다는 논란이 일었다. 이에 대해 일본 총리의 과거사 문제에 대한 유감 표명은 "본질을 회피하는 발언(남기정 교수)"이라고 지적했고, "기시다 총리가 사견임을 전제로 한 것은 일본 정부의 공식적인 입장을 사실상 거부한 것으로 볼 수 있다(양기호 교수)"라고 비판했다. 한일 관계 개선을 위해 윤석열 정부는 강제 징용 피해 '제3자 변제' 방안과 일본 후쿠시마 핵 폐수 해양 방류 용인, 사도 광산 세계 문화유산 등재 찬성 등에도 적극 협조했다. 그런데도 일본은 한일 정상회담 직후 교과서 검정에서 '독도는 일본의 고유 영토'이고 한국이 '불법 점거'하고 있다고 독도 영유권 주장을 강화하고, 강제 징용 관련 표현에서 '강제'라는 용어를 삭제하는 등 역사 왜곡을 더욱 노골화했다. 이에 대해 안보 전문가들은 일본이 역사 왜곡으로 양국 관계를 짓밟고 있으며, 일본의 퇴행적 역사관에 대한 대응과 역사 왜곡에는 양보가 없다는 점을 강조했다. 그래서인지 윤석열 정부의 대일정책을 두고 한일 관계 개선에 대한 긍정적 평가 보다 친일 외교, 굴욕 외교라는 부정적인 평가가 높게 나타났다.

이처럼 한일 정상회담에 대한 평가는 양국의 정상이 12년 만에 정상 외교를 재개하여 미래지향적 관계로 나아가기로 했다는 정부 측의 자평에도 불구하고 우리 국민 10명 중 7명이 '대일 굴종 외교'라고 답했을 정도로 부정적 평가가 압도적이다. 하지만 한일 양국이 역사 인식의 차이에도 상호 간 미래지향적 관계 발전과 협력 추진에 대한 의지를 대내외에 보였다는 것은 시사하는 바가 크다.

특히 2024년 10월 취임한 온건 보수 성향으로 분류되는 이시바

시게루 일본 총리가 한일 과거사 문제에 대해 비교적 전향적인 태도를 보여왔다고 한다. 위안부 문제는 "한국이 납득할 때까지 사죄해야 한다"라고 강조했다는 점에서 한일 관계가 개선될 것으로 전망된다. 지금껏 그래 왔듯이, 한일 관계에서 '과거사 문제'는 늘 한일 관계 정상화에 큰 걸림돌이 돼왔기 때문이다.

또한 2024년 8월 국민 통합의 상징인 8 · 15 경축식 행사가 정부 주최와 광복회 등이 개최하는 기념식으로 둘로 나뉘어 치러졌다. 이처럼 기념식이 따로 열린 것은 해방 이후 사상 초유의 일이다.

이 사태의 발단은 대한민국 건국이 1919년 임시 정부가 아닌 1948년 8월 15일 이승만 정부의 출범을 건국절로 주장하는 '뉴라이트(신우파)'계의 인사로 불려지는 김형석 독립기념관장 임명 강행에서 비롯됐다. 그는 "일제 강점기 한국인의 국적은 일본이었다"라는 발언으로 역사관 논란을 빚었다. 국적이란 개인이 국가와 맺는 법적인 관계를 말한다. 그래서 일본은 당시 일본 국적법을 조선에 적용하지 않았으며 조선총독부가 만든 '제령'으로 조선을 지배했다. 더구나 일본 제국의 강압에 의해 1905년 체결된 을사늑약(乙巳勒約)으로 주권이 침탈된 상태이므로 주권은 없었지만 일본 국적은 아니었다. 헌법 서문에서도 대한민국 건국은 3 · 1 운동으로 건립된 대한민국 임시 정부의 법통과 불의에 항거한 4 · 19 민주 이념을 계승한다고 명시돼 있다. 이에 따라 헌법을 부정하고 역사를 왜곡하는 인물은 역사 기관 수장이 될 자격이 없다는 것이다.

윤석열 대통령은 기념사에서 일제 강점기의 과거사 문제나 일본의 역사 왜곡에 대해 일절 언급하지 않고, 대신 북한 이슈 부각과 반자유세력을 강조했다. 이에 대해 대표적 보수지로 불리는 조선일보마저 "상대 비판 보다는 통합의 메시지를 내는 것이 나았을 것이다"라고 평가했다. 반면 이종찬 광복회장은 "진실에 대한 왜곡과 친일 사관에 물든 저열한 역사 인식이 우리 사회를 혼란에 빠뜨리고 있다"라고 지적하면서 자체 기념식을 개최한 이유를 설명했다.

지금껏 이념과 정파 구분 없이 함께 기념해 온 광복절 경축식이 둘로 쪼개진 것에 대해 국론 분열을 우려하는 목소리가 적지 않았다.

그리고 한일 간 셔틀 외교 복원에 따른 한일 관계 개선과 한미일 안보 협력 강화는 윤석열 정부의 안보 정책 성과로 나타났다. 하지만 이러한 한미일 공조와 대북 강경책이 남북한, 한러 관계를 파탄 내면서 북러 밀착에 이어 북러 군사동맹 복원을 불러왔다는 것이다. 특히 북러 군사 협정에 대해 윤석열 정부의 안보 정책 실패 아닌가에서 "우리 정부는 북러 협정 당일까지 상황 파악조차 제대로 못 했고, 북침 가능성이 없는 상황에서 존재할 수 없는 확률이라는 등 블라디미르 푸틴 러시아 대통령 발언에만 매몰돼 정부 당국자들은 희망적 사고를 하기에 바빴다"라고 비판했다.(한국일보 2024.06.21.)

그런데도 윤석열 정부는 북한의 러시아 파병에 맞서 우크라이나에 살상 무기 지원과 군사 참관단 파견을 기정사실화 했다. 그러나 얼마 지나지 않아 트럼프 2기 출범과 윤석열 대통령의 친위 쿠데타 실패로 무산됐다. 이에 대해 안보 전문가들은 만약 윤 정부의 우크라이나 살상 무기 지원이 현실화됐을 경우에는 전쟁 개입 행위로서, 신냉전의 최전선에 말려들 어 국가 안보에 중대한 위협이 될 수 있었다고 한다. 실제로 러시아 외무부는 한국이 "우크라이나에 대한 어떠한 무기 제공도 반(反)러시아 적대 행위로 간주하겠다"라고 경고했다. 그래서 당시 여론의 3분의 2(64%)가 우크라이나에 대한 우리 정부의 무기 지원을 반대할 정도로 부정적 평가가 높았다.

제 9 장

부 록

<역대 정부의 공통적인 안보 이슈>

제9장 부록: 역대 정부의 공통적인 안보 이슈

1 유엔 북한인권결의안

◈ 개요

유엔은 2003년부터 북한인권결의안을 채택해 오고 있으며, 2005년 이후로는 유엔 총회 차원으로 격상되어 2022년까지 18년 연속 북한인권결의안을 채택했다. 우리 정부는 UN의 결의안 채택과 관련해 2003~2005년, 2007년 남북 관계를 고려해 불참 혹은 기권했고, 정권교체 후 2008~2018년 동안 북한인권결의안의 공동제안국 중 하나로 참여했다. 2019년 문재인 정권 이후 한국은 다시 4년 연속으로 공동제안국에 불참했다. 이와 같은 한국 정부의 입장과 관련해 전문가들의 의견은 이명박, 박근혜 정부 시기에 표출되었다는 특징이 있는데, 이를 통한 자문위원들의 안보정향을 온건론/신중한 온건론/신중론/신중한 강경론/강경론으로 구분했다.

온건론은 유엔의 북한인권결의안에 한국 정부가 동참할 필요가 없거나 북한 인권 문제보다 남북 관계에 대한 집중을 요구하는 입장이다. 강경론은 유엔의 북한인권결의안에 한국 정부가 동참해야 한다고 보거나 북한 인권 문제에 대한 문제 제기를 요구하는 입장이다. 신중론은 유엔의 북한인권결의안에 대한 한국 정부의 입장에 신중을 기하는 입장이다.

〈표 8-1〉 유엔 북한인권결의안 평가

필자	일자	논지	자료 종류
김수암	2008. 04.	- 유엔 인권위원회, 유엔 총회 등 유엔인권기구에서는 북한 인권 결의안을 채택하여 지속적인 개선을 촉구해 왔는데 북한은 국제사회의 인권 개선 요구에 대해 체제를 위협하는 '공세'로 규정하면서 반발해 왔음. - 인류 보편적 가치로서 북한 인권 문제 접근해야 함. 또한 통일의 미래상 관점에서 북한 인권 문제를 풀어나가야 하며, 북에 비공개적, 물질적, 인센티브 제공도 검토되어야 함.	통일 시대 1034
김태현	2008. 08.08.	- 우리나라는 남북 관계에 미칠 '악영향'을 우려해 유엔의 북한인권결의안에 소극적 태도를 견지했지만, 북한 주민의 인권을 당당하게 대표할 때 우리의 가치가 보편성을 띠고 남북 관계의 특수성도 호소력을 가짐. - 한미정상회담의 자리를 빌려 이 고리를 푼 정부가 향후 대북, 대외정책에서 그 기조를 유지하기 바람. https://www.chosun.com/site/data/html_dir/2008/08/08/2008080801365.html	조선 일보 링크

이대근	2008. 11.13.	– 이명박 정부는 대북 공세에 열중하며 유엔 북한인권결의안 공동 제안국으로 나섰음. 찬성표를 던지는 것에 만족하지 않겠다는 뜻으로 해석됨. 또한 현 정부는 남북대화에 소극적인 것을 넘어 북한을 자극하고 있음. https://www.bigkinds.or.kr/v2/news/newsDetailView.do?newsId=01100101.20081113100003571	경향 신문 링크
윤여상	2009. 01.	– 유엔은 매년 북한인권결의안을 채택하고 있음. 하지만 북한 인권 문제는 남남갈등을 부추기는 사안임. – 한국 정부는 남북 관계와 북한인권이라는 '두 마리 토끼'를 모두 추구해야 하는 상황임. 북한 인권 문제가 남남갈등과 남북 대결의 원인이 아닌 남북 평화와 화해의 출발점임을 인식하길 바람.	통일 시대 1271
서보혁	2014. 11.22.	– 제69차 유엔총회에서 북한 인권 결의안이 통과되었음. 한국 정부는 2008년부터 유엔 북한 인권 결의안에 공동제안국으로 참여해 왔으나, 인권 문제를 국제 공조에만 의지하면 안 될 것임. 남북한은 남북 인권 대화를 추진해나가야 할 것이며 시안별로 다각적인 접근을 시도해야 함. https://www.bigkinds.or.kr/v2/news/newsDetailView.do?newsId=01101001.20141122100000061	한겨레 신문 링크

윤여상	2015. 01.	- 북한은 지난 10여 년간 북한 인권과 관련된 국제사회의 활동과 유엔의 북한인권결의안 채택에 대해 강력하게 반발하지는 않았음. 그러나 김정은에 대한 국제형사재판소 제소가 포함된 결의안에 대해서는 매우 적극적이고 강경하게 반발함. - 유엔 현장사무소가 2015년 서울에서 공식 출범함. 북한 지역에 대한 과거청산이 한국 또는 통일 한국 정부가 아닌 유엔과 국제사회 주도로 진행되는 것에 대해 우려하지 않을 수 없음.	통일 시대 3311~3312
윤여상	2015. 04.	- 유엔의 인권 결의안 채택이 즉각 김정은을 국제형사재판소 제소는 어렵겠지만 북한 유엔 레짐에 적극적으로 대응할 수밖에 없을 것. 한국 정부는 유엔 안보리에서 북한 인권 문제가 의제로 채택된 것에 대해 환영 입장 공식 발표. - 현재 한국 사회에서 북한 인권 가해자와 국가범죄 혐의자 처리에 대한 연구와 활동은 매우 미미한 수준인데, 유엔 중심으로 논의가 활성화할 수 있는 환경이 조성되고 있음.	통일 시대 3416~3417
윤여상	2017. 02.	- 유엔의 북한 인권 개선에 대한 의지가 놀라운 수준임. 2003년 유엔 인권위원회가 최초로 북한인권결의안을 채택한 이후 유엔의 북한 인권에 대한 관심과 집중도는 매우 높음. - 유엔의 북한 인권 정책은 의지만으로는 한계가 있음. 북한 인권 실질적 성과는 유엔, 한국 정부, 북한인권법 NGO 협조가 강조돼야 함.	통일 시대 4170~4171

요약

유엔의 북한인권결의안과 관련된 자문위원들의 안보정향은 대체로 신중한 강경론에 가깝게 나타났다. 총 8건의 글 중에서 온건론이 1건, 신중론이 1건, 신중한 강경론이 5건, 강경론이 1건으로 나타났다. 대표적으로 윤여상(신중한 강경론 4건)은 북한 인권 논의에 대한 국제사회의 주도성에 문제를 제기하고 한국의 주도로 북한 인권에 관한 연구와 실천을 주장하고 있다.

반면 신중론자(서보혁)는 북한과의 대화와 협력 차원에서 북한 인권 문제에 접근하길 주문하고 있다. 반면에 유엔에서 북한 인권 문제에 대한 정부의 정책을 정권의 성격에 따라 상이하게 전개하였던 것이다.

2 북한 핵실험

개요

북한은 2022년까지 총 6차례의 핵실험을 실시했다. 2002년 2차 북핵 위기가 불거진 후 4년 만인 2006년에 1차 핵실험을 실시했으며, 2009년, 2013년, 2016년(2회), 2017년에 각각 핵실험을 실시했다. 한국의 정권별로 구분하면 노무현 대통령 임기에 1회, 이명박 대통령 임기에 2회, 박근혜 대통령 임기에 2회, 문재인 대통령 임기에 1회의 핵실험을 실시했다. 북한은 제5차 핵실험에서

소형화, 경량화된 핵탄두를 개발하였고 2017년 제6차 핵실험에서 대륙간 탄도 미사일(ICBM)에 탑재 가능한 수소폭탄 실험에 성공했다고 밝혔다. 그 후 핵보유국의 지위를 주장하고 있으며, 2023년 3월과 7월에 고체추진체 대륙간 탄도 미사일(ICBM) "화성-18"을 고각으로 발사해, 진정한 의미의 ICBM 개발에 성공했다고 볼 수 있다. 핵무기 개발 이후 전술적 성능, 즉, 핵 투발 수단을 다양화하면서 핵 전술을 지속적으로 고도화하고 있다. 2017년 9월 이후 현재까지 7차 핵실험은 강행하지 않고 있으며 인도와 파키스탄의 사례를 들어 추가 핵실험 없이 컴퓨터 시뮬레이션으로 충분히 개발할 수 있다고 한다.

북한 풍계리 핵실험장 상황
폐쇄 갱도 폭파 (2018년 5월) 복구(2022년 8월) 0 핵실험
길주군
풍계리
핵실험장
2번 북쪽 갱구
4번 서쪽 갱구
1번 동쪽 갱구
3번 남쪽 갱구
함경북도
풍계리
북한
남한
*3번 갱도 구조는 추정
사진: 구글어스
4번 갱구 새로운 활동 관측
4월 21일 촬영
2018년 갱도 폭파로 무너진 경사면
새로운 도로 완공
4번 갱도의 무너진 입구
작은 건물 2개 새로 건설
도로 지지위한 바위 구조물
자료: 미국 전략국제문제연구소(CSIS), 38노스
연합뉴스
YONHAP NEWS

가. 1차 북한 핵실험

◇ 개요

2005년 9.19 공동성명이 발표되는 등의 성과로 2차 북핵 위기는 대체로 해소되는 듯 보였지만 북한은 2006년 1차 핵실험을 단행한다. 노무현 대통령 재임 시기였던 2006년 10월 9일 북한은 풍계리에서 핵실험을 단행했다. 1차 북한 핵실험에 대한 한국 정부의 대처와 입장, 태도에 관한 안보정향을 온건론/신중한 온건론/신중론/신중한 강경론/강경론으로 구분하였다.

온건론은 북의 핵실험에도 불구하고, 대화와 외교적 노력을 통한 북핵 문제의 타결이 가능하다는 입장이다. 강경론은 북한의 핵실험이 한국의 안보에 심각한 위협이 되며, 대북 제재와 같은 강경한 대응책으로 북한의 변화를 요구하는 입장이다. 신중론은 온건론 혹은 강경론 사이의 신중한 경향 혹은 중도적인 입장을 의미한다.

〈표 8-2〉 1차 북핵 실험 평가

필자	일자	논지	자료 종류
정성장	2006. 10.12	- 북한의 핵실험 이후 대북 포용 정책이 큰 위기에 봉착함. 하지만 김대중 정부와 노무현 정부 대북 포용정책은 이전 시기까지만 해도 상상하기 어려운 성과를 거둠.	한겨레 신문 링크

		- '제2의 페리 프로세스'가 시작될 수 있도록 대미 설득을 강화하는 것과 함께, 북한에 대해 강온 정책을 적절하게 배합해 구사하는 좀 더 '유연한' 대북 포용 정책이 필요한 시점임. https://www.bigkinds.or.kr/v2/news/newsDetailView.do?newsId=01101001.20061012100000522	
전성훈	2006. 10.24.	- 미국이 지금 북-미 양자 회담에 소극적인 것은 제네바 합의를 집요하게 위반했기에 북한을 신뢰하지 못하겠다는 것. 빌 클린턴 행정부와 달리 조지 부시 행정부는 북한에 대해서 잘못된 행동의 시정을 요구하고 있음. - 북핵 문제의 해결을 위해서는 북한이 미국의 신뢰를 얻을 수 있는 조치를 먼저 취하는 것이 순리임. https://www.bigkinds.or.kr/v2/news/newsDetailView.do?newsId=01101001.20061024100017837	한겨레 신문 링크
강인선	2006. 11.01	- 6자회담을 진행하는 과정에서도 북핵 문제는 악화하여 옴. 거기에 한국은 '들러리 외교'를 하는 사이 북한은 핵실험을 준비하고 핵실험을 하기에 이르렀음. https://www.chosun.com/site/data/html_dir/2006/11/01/2006110160537.html	조선 일보 링크
김근식	2006. 11.02.	- 북한이 1차 핵실험을 강행하고 대북 제재가 강화되었음. 북한은 미국의 대북 붕괴 프로그램을 막고자 6자회담 재개에 전격 합의하였음. - 한반도 위기 국면에서 한차례 벗어난 지금 한국 정부는 남북 관계의 시급한 복원에 나서야 함. https://www.bigkinds.or.kr/v2/news/newsDetailView.do?newsId=01100101.20061102100003983	경향 신문 링크

박태균	2006. 11.03.	– 핵실험을 했다는 것은 위기가 현실화된 것을 의미하지만, 이 위기는 남북 관계에서 거대한 전환을 가져올 수 있는 중요한 기회이기도 함. – 북한은 핵실험이 미국의 정책에 대한 대응의 성격을 가졌다고 주장하지만, 남북 관계에서 볼 때 핵실험은 91년 남북한의 한반도 비핵화 공동선언을 위반한 것. 이제 합의 위반 사항에 대해서 당당하게 항의하고 무조건적 지원을 조건부 지원으로 전환하는 2단계로의 진화가 이루어져야 함. https://www.bigkinds.or.kr/v2/news/newsDetailView.do?newsId=01100101.20061103100002763	경향 신문 링크
김태현	2006. 11.14	– 북핵 문제의 조기 해결에 대한 낙관적 기대는 섣부름. 전략적 차원에서 미국의 입장에 변화가 없을 것이기 때문이며, 북한의 전략적 결단과 양보가 필요한데 그 또한 기대하기 어려움. – 북한의 행보를 논리적으로 따져볼 때 북한이 워싱턴의 정치적 역학 관계의 변화로 인해 미국이 '물렁하게 변했다'라고 오판하고 거래의 조건을 강화할 가능성이 있음. 이러한 행보로 가지 않도록 북의 전략적 선택을 유도해야 함. https://www.bigkinds.or.kr/v2/news/newsDetailView.do?newsId=01100101.20061114100006032	경향 신문 링크
임을출	2006. 12.19	– 북한 핵실험 이후 처음으로 열리는 6자 회담을 앞두고 북한 정권도 핵실험 이후 외부의 안보적 위협뿐만 아니라 경제난과 식량난의 심화에 따른 내부적 위협에서 벗어나야 할 상황임. 부시 행정부도 외교정책 돌파구가 절실한 상황이기 때문에 6자회담 타협의 적기임. https://www.bigkinds.or.kr/v2/news/newsDetailView.do?newsId=01100101.20061219100001124	경향 신문 링크

임을출	2007. 01.25	- 지난해 핵실험으로 국제사회를 놀라게 했던 북한이 '이제는 경제'라는 화두를 던지며 변화의 조짐을 보여주고 있음. - 평양에서는 핵 개발로 체제 안전은 확보한 상태니, 이제는 경제건설에 매진할 때라는 인식을 폭넓게 공유하고 있는 듯함. https://www.bigkinds.or.kr/v2/news/newsDetailView.do?newsId=01100101.20070125100000468	경향 신문 링크
강인선	2007. 04.19	- 대북 제재로 실행되었던 BDA 자금이 동결되었음. 자금이 동결돼 있는 동안 그 핑계로 북한은 1년 반 동안 6자회담 공전시키며 영변 핵시설은 그대로 가동하고 핵실험까지 했음. - 한국과 미국도 임기가 남은 동안 북핵 문제를 노력했다는 모습을 보여주는 데 그칠 수 있음.	조선 일보 링크
김용호	2007. 06.26	- 우리는 그간 미국이라는 카메라가 비춰 주는 화면을 통해서만 북핵 문제를 보아온 듯함. 핵실험과 미사일 시험발사를 하는 북한은 흔히 도발자로 묘사되지만, 위험 부담 의지도 그리 강하지 않으며 핵무기조차도 자신의 정권 유지 수단에 불과함. https://www.joongang.co.kr/article/2773178#home	중앙 일보 링크
조동호	2007. 08.01	- 그동안 우리의 대북정책은 수단 자체에 함몰돼 북한을 정상 국가로 유도하겠다는 본래의 목적은 잊어버리고 말았음. 북한이 핵실험을 해도 경협을 계속해야 했고, 뒷돈을 주고라도 정상회담을 해야 했음. - 그러므로 이제는 수단과 목적을 제자리로 돌려놓아야 함. 햇볕정책 자체를 실패 혹은 성공이라고 단정할 수는 없지만, 다만 수단을 위해 노력할 시기는 지나갔음. https://www.joongang.co.kr/article/2811375#home	중앙 일보 링크

박형중	2007. 08.07.	– 핵실험 이후, 북한은 그토록 원하던 미국과의 양자 협상을 움켜쥐는 데 성공했음. 미국의 대북 협상력은 그 어느 때보다 취약함. – 2차 북핵 위기 과정에서 미국은 중국이 북한 핵 문제 해결에서 주요 역할을 하도록 요청함. 북한 핵무기 개발에 대한 비판은 일반적으로 한국보다 중국 쪽에서 훨씬 엄격함. 미국은 북한 비핵화 문제에서 아마도 한국보다 중국을 더 신임할 것. 또한 미국은 한국이 대북 독자 주도권을 고집할 것을 우려함. https://www.bigkinds.or.kr/v2/news/newsDetailView.do?newsId=01101001.20070807100051483	한겨레 신문 링크
고유환	2007. 09.05	– 북한의 핵실험은 '핵 모호성 전략'을 넘어 핵 카드를 노출해 협상을 모색하는 벼랑끝전술의 거의 마지막 카드임. – 김정일 위원장은 남북정상회담을 계기로 세계를 향해 '정상 국가 지도자'로 이미지 변신을 위한 연출을 시도할 것. 북한 지도부는 정상회담을 통해 북 · 미 적대관계 해소가 이뤄지면 핵 폐기를 할 수 있다는 '전략적 결단'을 확인할 가능성이 있음. 우리는 10월 초로 예정된 남북정상회담을 잘 준비하고 한반도 문제의 당사자 해결 구도를 마련하는 데 주력해야 할 것. https://www.joongang.co.kr/article/2875150#home	중앙 일보 링크
안희창	2008. 05.06.	– '잃을 것이 없다'라는 식으로 벼랑 끝 전술을 구사하는 북한을 상대하기란 정말 버거운 일임. – 한국으로선 강경과 온건을 오갈 수밖에 없음. 우리가 감내할 수 있는 선을 긋고 그 안에서 흔들리지 않는 원칙을 정해야 함.	중앙 일보 링크

박태균	2008. 08.29.	- 북한 핵 문제가 국제적인 이슈가 된 이후 북한에서는 몇 차례에 걸쳐 세계를 놀라게 하는 성명을 발표했음. 그때마다 한국 정부 및 전문가들은 그것이 단순한 수사적 표현일 가능성이 크며, 결국은 모든 일이 잘 해결될 것이라고 진단했음. 그러다가 결국 북한이 핵실험을 강행하는 사태까지 맞았음. - 특사 파견을 비롯한 모든 방안을 강구하는 것이 필요할 때이며, 한국 정부는 더 이상 '운'에 맡기지 않고 더 많은 노력을 해야 함. https://www.bigkinds.or.kr/v2/news/newsDetailView.do?newsId=01100101.20080829100009431	경향 신문 링크

요약

북한의 1차 핵실험에 관련된 자문위원들의 안보정향은 온건론이 조금 더 많았다. 총 14건 중 온건론 5건, 신중한 온건론 3건, 신중론 3건, 신중한 강경론 1건, 강경론 3건으로 나타났다. 신중한 온건론자들은 북한의 핵실험을 계기로 역대 한국 정부가 실행했던 대북정책의 한계를 인식하면서도 새로운 접근과 방법으로 대화와 외교적 노력을 계속할 것을 주장하는 경향이 있다. 반면 신중한 강경론자들은 핵실험으로 인한 미국의 대북 신뢰도의 하락과 한국의 외교적 무능력을 지적하거나, 한국의 대북정책 목적의 재설정을 주장한다.

나. 2차 북한 핵실험

◇ 개요

북한은 이명박 대통령 재임 기간인 2009년 5월 25일 2차 핵실험을 강행했다. 2차 핵실험과 관련되어 우리 정부의 입장과 대응 방안에 관한 전문가들의 안보정향을 다음과 같이 구분하여 볼 수 있다.

북의 핵실험에도 불구하고, 대화와 외교적 노력을 통한 북핵 문제의 타결이 가능하다는 온건론적인 입장이다. 반면에 북한의 핵실험이 한국의 안보에 심각한 위협이 되며, 대북 제재와 같은 강경한 대응책으로 북한의 변화를 요구하는 강경한 입장이며 중도적인 입장도 있었다.

〈표 8-3〉 2차 북핵 실험 평가

필자	일자	논지	자료 종류
윤덕민	2009. 02.05.	- 북한의 과격한 행동이 그들 주장대로 또는 우리 사회 일각의 지적처럼 이명박 정부의 강경정책 탓이 아님. - 핵 위협과 관련된 북한의 행동 패턴은 구태의 연함. 이번에 전례 없이 벼랑 끝 전술의 빈도와 강도를 높이는 것도 미국과의 담판을 빨리 해 '2012년 목표'를 달성하겠다는 의도가 있는 것 같음.	중앙 일보 링크

문정인	2009. 05.04.	– 북은 유엔 안보리 의장성명 채택과 3개의 북한 기업체 제재 등 그 후속 조처에 대해 강경 대응하고 있음. – 시간은 우리 편이 아님. 군사행동이나 적대적 무관심 전략이 현실적 대안이 될 수 없는 상황에서 시간을 끌수록 북의 대량살상무기 능력은 증대되고 한반도의 긴장은 고조될 수밖에 없음. 조속히 북 · 미 양자 접촉을 통해 반전의 가능성을 모색해야 할 것. https://www.bigkinds.or.kr/v2/news/newsDetailView.do?newsId=01101001.20090504100000693	한겨레 신문 링크
차두현	2009. 05.27.	– 2차 핵실험은 북한은 여전히 핵보유국이 되려는 의지를 포기하지 않고 있으며, 이러한 정책은 한결같이 유지되어 왔다는 점을 보여줌. – 이제 한국은 입장과 원칙을 분명히 정해야 함. 북한의 위협을 상기하면서 항상 전전긍긍하는 불안한 상태를 지속해선 안 됨. 북한 핵 문제에 관한 한 소모적인 분열이나 논쟁은 이제 접고 차분하면서 단호한 분노를 전달해야 할 시기가 됐음. https://www.joongang.co.kr/article/3623877#home	중앙 일보 링크
양무진	2009. 05.29.	– 이명박 정부의 대북정책이 시험대에 놓였음. 비핵 · 개방 · 3000을 내세웠지만 북한은 핵실험을 단행했음. 비핵화를 진전시킨 것이 아니라 북한의 핵 억제력을 강화시킨 셈. – 성숙된 한 · 미동맹과 한 · 중 조율이 요구되고 그 토대는 남북대화임. 북한은 한반도의 평화공존을 함께 일구어 나가야 할 대상. https://www.bigkinds.or.kr/v2/news/newsDetailView.do?newsId=01100101.20090529100007793	중앙 일보 링크

고유환	2009. 06.05.	– 2차 핵실험 등 북의 강경노선이 김정은 후계지명과 관련이 있다는 가설 아래 면밀히 관찰하고 대비해야 할 것. – 우리도 이제는 김정일 정권에 대한 맞대응 차원을 넘어 후계체제 구축 과정에서 있을 수 있는 다양한 시나리오에도 다각적인 대응책을 수립해야 할 것.	중앙 일보 링크
윤영관	2009. 06.15.	– 지금 우리는 1994년 1차 북핵 위기 이후 최대의 안보 위기에 직면하고 있음. 지금의 상황이 어려운 또 다른 이유는 북한이 취하는 강성 조치들이 북한의 권력승계 과정과 연결돼 있다는 점. – 결국 이 상황에서 한·미를 비롯한 국제사회가 할 수 있는 일은 핵 보유에 대한 가장 강한 '부정적 압박'과 핵 포기에 대한 가장 강한 '긍정적 유인'을 동시에 구사해 북한이 긍정적 유인책을 선택하도록 만드는 방법일 것.	중앙 일보 링크
문정인	2009. 06.15.	– 핵무기 보유를 주장한 국가가 외압에 굴복해 핵을 포기한 사례는 찾아보기 힘듦. – 한반도의 안보 지형은 한 치 앞도 가늠할 수 없는 시계 제로 상태임. 정부는 아무쪼록 전쟁을 두려워하고 평화를 소중히 여기며 전쟁의 예방에 역점을 둘 때 국민의 안전을 담보할 수 있다는 사실을 명심해야 할 것. https://www.bigkinds.or.kr/v2/news/newsDetailView.do?newsId=01101001.20090615100004587	한겨레 신문 링크
김경수	2009. 07.13.	– 그동안의 북핵 관련 국제 공조를 돌이켜 보면 '외화내빈'의 기계적 대응은 아니었는지 자성해 볼 필요가 있음. "사정이 이렇다면 무대책이 최상의 대책이 될 수도 있다는 것". 제대로 된 핵무기를 보유하려면 적어도 40~50회 이상의 핵실험이 필요한데 영토 면적이 좁은 북한으로서는 그리 간단한 일이 아니기 때문.	경향 신문 링크

문정인	2009. 08.21.	– 이명박 대통령이 김정일 위원장을 만나 핵실험에 대해 직접 항의하고 남북 관계에 대한 입장과 구상을 알려야 함. 현 단계에서 얽힌 남북 관계의 실타래 매듭을 풀 있는 사람은 이 대통령임. 김대중 전 대통령의 서거로 마련된 이 기회를 지혜롭게 잘 활용해야 함. https://www.bigkinds.or.kr/v2/news/newsDetailView.do?newsId=01101001.20090821100004336	한겨레 신문 링크
이대근	2009. 09.17.	– 북핵은 적대적인 외부 환경에 반응한 결과이다. 세계 최고 수준의 한 · 미 연합 전력, 핵우산, 북 · 미 적대관계를 그대로 두고는 절대 북한 스스로 무장해제하지 않음. – '비핵 · 개방 3000'이 진짜 목적이라면, 대북정책의 원칙 및 수단들은 북핵 문제 해결, 남북 관계 발전과 조화되도록 수정해야 함. https://www.bigkinds.or.kr/v2/news/newsDetailView.do?newsId=01100101.20090917100001028	중앙 일보 링크
윤덕민	2009. 09.21.	– 6자회담이 열린다고 핵 문제가 해결되는 것은 아님. 북한은 6자회담 중에도 2차례나 핵실험을 했음. 북핵 문제를 해결하는 데 있어 가장 중요한 요인은 '핵을 포기하지 않으면 손해'라는 점을 한국 · 미국 · 중국 · 일본 그리고 러시아가 한목소리로 북한에 행동으로 보이는 것.	중앙 일보 링크
이종석	2009. 11.30.	– 양성철 전 주미대사는 어느 영어 기고문에서 역대 미국 행정부 대북정책의 극심한 변화에 대해 김정일이 느낄 법한 혼란을 지적한 적이 있음.	한겨레 신문 링크

		- 미국의 보즈워스 특별대표가 곧 평양을 방문함. 한반도 평화를 진전시킬 중대한 사명이 그의 양어깨에 걸려 있음. 일방적 미국 시각이 아닌, 김정일 시각, 김정일 셈법까지 고려한 미국이 셈법을 만들어 북한과 협상하기 바람. https://www.bigkinds.or.kr/v2/news/newsDetailView.do?newsId=01101001.20091130100003931	
이종석	2010. 10.19.	- 김정은 후계체제 아래 북한은 전통적인 대중 관계의 강화와 대미 관계 및 남북 관계의 개선 등을 모색하고 북핵 협상에도 적극성을 띨 것으로 보임. - 이런 상황에서 북한의 움직임을 어떻게 한반도 평화와 남북 관계에 긍정적으로 작용하도록 하느냐 하는 것은 남한의 몫으로 남을 공산이 큼. 한국은 대화에 나서야 함. https://www.bigkinds.or.kr/v2/news/newsDetailView.do?newsId=01101001.20101019100000074	한겨레 신문 링크
김진무	2010. 02.	- 북한 핵 개발은 체제 안전보장을 위한 최후 수단으로 핵보유국이 북한의 국가 목표임. - 6자회담에서 북한이 비핵화 협상을 계속 거부함으로써 협상이 난관에 봉착하고 미국 등 국제사회가 대북 제재를 강화할 경우 작년 상반기와 같이 북한은 핵 보유 전략을 공개적으로 추진할 가능성이 있으며 한반도에는 위기가 조성될 가능성이 있음.	통일 시대 1833~ 1836
이종석	2010. 02.01.	- 이명박 정부 들어서 불안한 기운이 가시지 않는 남북 관계를 보면서 임기응변과 정략으로 일관해 온 대북정책의 귀결을 보는 듯해 씁쓸함.	한겨레 신문 링크

		– 정부가 북핵 문제를 평화적으로 해결하는 데 주도적으로 참여하고, 남북 간 군사적 긴장 완화 추구, 정전 체제를 항구적인 평화 체제로 전환하는 길 모색, 남북 화해 협력을 위한 교류 확대, 남북이 공동이익을 창출할 수 있는 제반 경제협력 사업을 장려하기 위한 새로운 전략적 구상과 접근법을 마련해야 함. https://www.bigkinds.or.kr/v2/news/newsDetailView.do?newsId=01101001.20100201100001775	
서보혁	2010. 11.01.	– 북한 2차 핵실험과 천안함 사태가 상황 악화를 촉진해 6자회담은 중단됐고, 북한은 우라늄을 이용한 핵 개발까지 공언함. 한·미 공조에 입각한 대북 압박은 북한의 핵무장 능력과 북–중 동맹관계 강화라는 대가를 치렀음. – 남한 정부는 북한의 붕괴를 기대하며 한–미 공조 하의 '전략적 인내'를 유지할 것인지, 아니면 비핵화 프로세스와 남북 관계 복원을 위해 접촉에 나설 것인지에 대한 제대로 된 판단이 필요함. https://www.hani.co.kr/arti/opinion/column/446493.html	한겨레 신문 링크
백학순	2010. 12.27.	– 현재 상황은 남북 관계 개선, 한반도 평화 정착, 북핵 문제 해결에 나름대로 진전이 있을 가능성이 상대적으로 커 보임. 그러나 이 모든 것을 이뤄내기 위해서는 무엇보다도 우리 정부가 한반도 문제에 대한 주인의식과 주도권을 회복해야 하며, 민족 화해와 한반도 평화 정착에 대한 신념과 비전을 갖고 그 방향으로 적극적이고 일관되게 노력해야만 함. https://www.bigkinds.or.kr/v2/news/newsDetailView.do?newsId=01100101.20101227100000051	경향 신문 링크

고유환	2010. 06.	– 이명박 정부는 '기다리는 것도 전략'이라며 정부 차원의 대규모 대북 지원을 중단하고 북한 태도 변화를 기다림. – 이에 맞서 북한은 국제사회 우려에도 불구하고 로켓발사(2009년4월5일)와 2차 핵실험(2009년5월25일)을 강행함. 한국 외교가 시련에 빠지지 않기 위해서는 거시적 시각에서 정세를 보고 상황관리를 해야 함.	통일 시대 2000~2001
이종석	2012. 09.12.	– 북한의 핵 보유를 인정할 수 없지만, 그렇다고 핵 문제가 안 풀린다고 거기에 남북 관계를 묶어 놓는 어리석음을 다시 범해서는 안 됨. – 실패한 북핵우선론을 폐기하고 남북 관계와 북핵 문제의 선순환 병행 발전을 추구하겠다 밝혀야 함. https://www.bigkinds.or.kr/v2/news/newsDetailView.do?newsId=01101001.20120912100000101	한겨레 신문 링크

요약

북한의 2차 핵실험과 관련된 자문위원들의 전체적인 안보정향은 〈표 8-3〉과 같이 다소 온건론에 가까웠다. 총 19건 중 온건론 7건, 신중한 온건론 5건, 신중론 4건, 강경론 3건으로 나타났다. 북한의 1차 핵실험에 이어 2차 핵실험까지 자문위원들은 북핵 문제에 대한 대화와 협상의 방법을 선택하는 경향이 강했다.

내용을 구체적으로 살펴보면, 강경론(윤덕민, 차두현, 정영태)뿐만 아니라 온건론, 신중론의 경우에도 북한의 핵실험 자체에 대한 문제의식은 강했다. 북핵 문제를 해결할 방법에 대한 제안의 내용이 다를 뿐 북한 핵실험이 한국의 안보에 부정적 영향은 대체로 인정한 것이다.

북핵 문제와 관련한 이명박 정부에 대한 책임 여부에 대한 의견은 엇갈렸다. 윤덕민(강경론)은 이명박 정부에 책임이 없다고 주장한 반면, 이종석(온건론)은 이명박 정부에게 책임이 있다고 지적했다. 또한 양문수, 문정인, 고유환 등은 이명박 정부의 대북정책 변화에 대한 기대를 표했다.

다. 3차 북한 핵실험

개요

북한은 박근혜 대통령 취임일(2013년 2월 25일)을 앞둔 2013년 2월 12일 3차 핵실험을 강행했다. 이처럼 박 대통령 취임 직전인 당선인 시절에 행하여진 3차 핵실험과 관련되어 정부 이양기의 입장과 대응 방안에 관한 전문가들의 안보정향은 다양했다.

북의 핵실험에도 불구하고, 대화와 외교적 노력을 통한 북핵 문제의 타결이 가능하다는 온건론적인 입장과 북한의 핵실험이 한국의 안보에 심각한 위협이 되며, 대북 제재와 같은 강경한 대응책으로 북한의 변화를 요구하는 입장으로 구분되었다. 물론 중도적인 입장도 있었다.

〈표 8-4〉 3차 북핵 실험 평가

필자	일자	논지	자료 종류
임을출	2013. 02.14.	- 북한의 3차 핵실험이 끝난 지금의 상황은 그야말로 '멘붕'임. 북한 김정은 체제의 의도는 이제 핵보유국으로서 한반도 평화 체제 문제를 미국과 담판 짓겠다는 것. - 그럼에도 지금은 평화적 해법을 포기해서는 안됨. 단기적인 강경 대응에 몰두하기보다는 '핵무기와 북한 정권은 운명공동체'라는 현실을 인정하면서 침착하게 비핵화와 평화 체제 및 경제협력 증진을 함께 발전시킬 수 있는 패키지 딜을 모색해야 함. https://www.bigkinds.or.kr/v2/news/newsDetailView.do?newsId=01100101.20130214100000021	경향 신문 링크
정영태	2013. 02~03	- 북은 3차 핵실험 후 "다종화된 핵 억제력의 우수한 성능이 물리적으로 과시"라고 자평. 이를 액면 그대로 받아들인다면 이번 핵실험이 우라늄탄 실험 가능성 높으며, 이것이 사실이라면 북한의 핵무장 능력은 그야말로 새 지평을 열게 됨. - 한반도에 '제한전쟁'의 위험성이 있으며, 이제는 북에 공격적 방어 태세로 맞서야 함.	통일 시대 2927~2928
박인휘	2013	- 3차 북핵실험과 연이은 북한의 위기 고조 전략을 경험하면서 북한의 비핵화에 대한 국내 및 국제사회의 우려가 더욱 확산되고 있음. - 한반도에서 상시 위기 상태를 유지하는 전략이 생존에 도움이 된다고 판단하고, 공고한 한미동맹의 유지가 북한에게 지속적인 위협으로 작용한다면, 북한의 비핵화 및 한반도 평화를 위한 한미 양국의 의지와 정책 수단은 보다 창의적으로 새롭게 설정되어야 함.	국제정치 논총 링크

유호열	2014. 02~03	– 북한이 3대 세습을 통해 수령 체제를 공고히 하고, 핵보유국가임을 선언한 상황에서 점진적인 통일 구상의 실현 가능성이 갈수록 희박해지고 있음. – 북한 내부 정세를 비롯한 한반도 주변 정세는 과거 어느 때보다 역동적이며, 이러한 역동성은 우리 주도의 통일 과정에 긍정적으로 작용할 수 있음에 주목해야. 따라서 이러한 변화를 감안해 새로운 통일친화적 대외관계를 구축할 통일외교를 적극 전개해야 할 때임.	통일 시대 3141
백학순	2013. 03.06.	– 북한은 이제 핵무기 완성을 통해 안보상 억지력을 확보하려는 모습. – 김정은 제1비서가 주변국 지도자들 중에서 박근혜 대통령과 적극 손을 잡고 나아가야 한다고 생각함. 한편, 박근혜 대통령도 북핵 문제를 해결하기 위해 남북 관계의 회복, 미국의 대북 평화공존 추구, 한반도 평화 체제 수립 문제를 선제적으로 제기함으로써 현 상황을 통제하고, 앞으로 '한반도 문제'의 근본적 해결에 주도권을 쥐고 나아가야 한다고 생각함. https://www.bigkinds.or.kr/v2/news/newsDetailView.do?newsId=01100101.20130306100000025	경향 신문 링크
백학순	2013. 04.12.	– 북의 미사일 발사가 예상되는 상황에서 "많은 사람들이 '대화와 협상'이 북핵을 막지 못했다"고 비판함. 그러나 문제는 '합의' 이행이 전혀 다른 차원의 요소들의 영향으로 제대로 이뤄지지 않았다는 것.	경향 신문 링크

		- 우리의 과제는 우선 '좋은 합의'를 만들어 내고, 이에 더해 설령 정권교체가 되더라도 차기 정부가 이전 정부의 합의를 존중하고, 일관성 있게 나아가야 한다는 컨센서스를 정치사회와 시민사회에서 이룩해 나가는 일임. https://www.bigkinds.or.kr/v2/news/newsDetailView.do?newsId=01100101.20130306100000025	
유호열	2013. 04~05	- 박근혜 대통령은 북한이 3차 핵실험을 단행함으로써 한반도 정세가 악화된 상황에서도 든든한 안보와 함께 신뢰 프로세스 믿음과 기대를 포기하지 않음. - 신뢰 프로세스가 제대로 작동하기 위한 조건들 제시.	통일 시대 2984
유호열	2013. 06~07	- 물론 북한의 도발이 계속되고, 한반도의 평화와 안정이 흔들리는 최악의 상황에서는 우리도 공동선언에 구애받지 않는 공세적, 적극적 태세를 갖추어 나가는 것도 고려해 두어야 함. - 충분한 억지력을 바탕으로 북한과의 교류협력과 평화 체제, 군사 회담에 임하는 비전과 전략을 지속적으로 보완해 나가야 함.	통일 시대 3000~ 3001
전재성	2013.12 ~ 2014.01	- 2월 12일 북한이 3차 핵실험으로 포문을 열더니 격렬한 대남 도발 위협이 잇따름 - 우리는 동북아 강대국들이 힘에 근거하여 자국의 이익을 추구하려는 각박한 상황이 만들어지기 전에 북한 문제를 해결하고 지역의 다자협력을 위한 외교적 노력을 기울여야 함.	통일 시대 3101~ 3102
김태우	2014. 04~05	- 지금은 북한이 한반도 신뢰프로세스에 동참하기를 기대하기보다 북한의 추가 핵실험을 걱정하고 그 이후를 대비하는 조치들을 검토해야 할 상황임.	통일 시대 3178~ 3179

		- 당연히 지금까지 보다는 훨씬 더 강력한 '당근과 채찍'을 포함하는 특단의 조치가 있어야 함. 한국도 한편으로는 북한이 한반도신뢰프로세스에 동참하도록 대화를 통해 설득하는 노력을 지속 하면서도, 다른 한편으로는 북핵위협으로부터 국가와 국민을 보호하기 위한 특단의 조치들을 강구해야 함.	
구본학	2015	- 이란 핵 협상이 타결된 상황에서 국제사회는 북한 핵 문제 해결에 관심을 집중해야 함. 오바마 대통령의 전략적 인내는 북핵 문제를 해결하는데 도움이 되지 않음. - 북한이 핵 개발을 포기하도록 유도해야 함. 북한을 협상의 장으로 끌어내야 하고, 핵 개발을 중단하는 조치를 우선적으로 취하도록 해야 함. https://www.kci.go.kr/kciportal/ci/sereArticleSearch/ciSereArtiView.kci?sereArticleSearchBean.artiId=ART002071525	통일정책연구 링크
정세현	2015. 08.10.	- 북한의 "제2차 한국전쟁 발발" 언행의 행간에 우리가 상황 변화를 선도해주길 바라는 속내가 배어 있음. 지난주 이희호 여사 방북 수행원 중 몇 사람도 그러한 느낌을 받았다고 함. 북한의 이런 속내를 박근혜 대통령이 적극 활용하기 바람. https://www.bigkinds.or.kr/v2/news/newsDetailView.do?newsId=01101001.20150810100000061	한겨레 신문 링크

요약

북한의 3차 핵실험과 관련된 자문위원들의 안보정향은 비교적 온건론에 가까웠다. 하지만 1~2차 핵실험 당시와 비교해 온건론과 다른 안보정향(신중론, 강경론 등)과의 차이는 근소했다. 총 12건의 글 중에서 온건론 1건, 신중한 온건론 6건, 신중론 1건, 신중한 강경론 3건, 강경론 1건으로 나타났다.

내용을 구체적으로 살펴보면, 이전과 다르게 자문위원들이 비교적 온건론보다 신중론과 강경론에 가까워진 이유는 계속되는 북한의 계속되는 무력도발과 핵보유국 지위 공식화 등 때문이다. 북한은 헌법 서문에 핵보유국 명시(2012.4.13.)한 것을 시작으로 핵보유국 지위 영구화 선언(2013.3.9.), 핵보유국 지위 공고화 법제정(2013.4.1.) 등 핵보유국으로서의 지위를 공식화, 제도화하고자 했다.

또한 북핵 문제와 관련해서 박근혜 정부의 보다 적극적인 행동을 주문하는 경향도 보였다(백학순, 유호열, 정세현 등).

라. 4차 북한 핵실험

◈ 개요

북한은 박근혜 대통령 재임 기간인 2016년 1월 6일 4차 핵실험을 강행했다. 북한의 핵실험과 관련되어 당시 정부의 입장과 대응 방안에 관한 전문가들의 안보정향은 대체로 온건한 성향을 나타냈다. 이러한 성향을 살펴보면 온건론은 북의 핵실험에도 불구하고, 대화와 외교적 노력을 통한 북핵 문제의 타결이 가능하다는 입장이다. 이에 대하여 강경론은 북한의 핵실험이 한국의 안보에 심각한 위협이 되며, 대북 제재와 같은 강경한 대응책으로 북한의 변화를 요구하는 입장이다. 신중론은 온건론 혹은 강경론 사이의 신중한 경향 혹은 중도적인 입장을 의미한다.

〈표 8-5〉 4차 북핵 실험 평가

필자	일자	논지	자료 종류
정욱식	2016. 01.07.	– 북한의 무모하고도 반평화적인 핵실험은 핵억제력 완성을 과시해 경제건설에 매진하겠다는 '병진 노선'에 따른 것. – 우리가 북핵 해결에 주인의식을 가져야 하며, 북의 핵실험으로 협상무용론이 득세하지만 사실 협상다운 협상은 없었음. https://www.khan.co.kr/article/201601072059295	경향 신문 링크
황재옥	2016. 01.10.	– 최근 수소탄 폭파 시험은 김정은의 '핵 · 경제 병진 노선'을 보여주는 것. – 정부는 북핵 제재가 오히려 북핵 능력을 강화시켜 왔다는 불편한 진실을 외면하지 말고 장차 협상 방식으로 문제를 풀어나갈 수 있는 퇴로도 열어 놓아야 함. https://www.khan.co.kr/article/201601102107385	경향 신문 링크
전봉근	2016. 01.11.	– 지난 25년간 북핵 문제는 위기–합의–합의 붕괴의 악순환을 반복했음. 그런 만큼 앞으로 핵 협상에선 이럴 가능성을 차단해야 함. 따라서 대북정책의 지속성과 국제적 정책 공조를 확보하려는 노력을 더욱 기울여야 함.	경향 신문 링크

전봉근	2016. 01.11	– 새해 벽두 북한이 강행한 4차 핵실험에 온 나라가 경악과 분노에 빠짐. 강도 높은 경제 · 외교적 압박은 오히려 핵무장을 더욱 가속화할 구실로 삼을 우려가 큼. 따라서 정부는 원칙을 적용하면서도 보다 현실적이고 전략적인 비핵화 방책을 만들어야 함. – 정부가 새로운 비핵화 협상 전략을 수립하면서 고려해야 할 점들을 제시. https://www.joongang.co.kr/article/19389269#home	중앙 일보 링크
이희옥	2016. 03.	– 제4차 핵실험 문제 처리 과정에서 중국 역할론이 주목받음. – 한중은 북핵 위기가 나타나자, 그 해법을 둘러싸고 인식 차이와 기대 차이를 보였지만, 북한 비핵화와 변화를 통한 '동태적 안정(Dynamic Stability)'이 중요하다는 공감대를 갖고 있음. 이런 점에서 양국은 전략대화 테이블에 다시 앉아 북한의 변화를 추동할 창의적 방안을 찾아야 할 것.	통일 시대 3809
이호령	2016. 03.	– 북한은 1월 6일 4차 핵실험을 한 데 이어 2월 7일 광명성 장거리 미사일 시험발사를 감행함으로써 8 · 25 합의를 완전히 무색하게 함. – 광명성 발사를 경계로 남북 관계는 새로운 단계로 진입해 평화와 안정을 위한 해법 변화할 것. 북은 핵과 미사일 개발에 상응한 비용을 지불해야 할 것.	통일 시대 3781

이대근	2016. 03.08.	– 박근혜 대통령은 "북한이 핵을 포기하지 않으면 체제 생존이 불가능하다는 것을 분명히 깨닫도록 해야 한다"라고 했음. – 북핵 해결을 원한다면 목표에 집중해야 함. 제재는 수단일 뿐, 제재로는 북한이 대화 시늉만 하고 돌아서기를 반복하는 걸 막을 수 없음.	경향 신문 링크
고유환	2016. 05.	– 북한이 핵 개발의 동기를 북 · 미 적대관계에서 찾지만, 북핵 문제는 수령 체제, 분단 체제, 세계 체제 등 복합적 요인이 결합된 역사–구조적 산물임. 그래서 북핵 해법도 단순하지 않고 해결도 쉽지 않음. – 북한의 급변 사태를 염두에 둔 현 정부의 '빠른 통일론'이 부각하면 할수록 북한의 핵 개발 동기는 강화되고 대남 핵 위협도 가중될 것. https://www.kci.go.kr/kciportal/ci/sereArticleSearch/ciSereArtiView.kci?sereArticleSearchBean.artiId=ART002125831	북한 연구 학회보 링크
이대근	2016. 06.21.	– 북한이 4차례의 핵실험을 없던 일로 하기에는 늦었음. 현실을 인정하고 잠정적 핵 동결을 당면 과제로 받아들여야 함. – 원칙과 명분으로부터 눈을 돌려 한 · 미 연합훈련을 잠정 중단하면 핵실험도 잠정 중단하겠다는 북한의 제안을 주목할 필요가 있음. 북한의 태도가 나아져서가 아니라 북한이 더 위험해졌기 때문에 간여하고 관계를 가져야 함.	경향 신문 링크

요약

북한의 4차 핵실험과 관련된 자문위원들의 안보정향은 대체로 온건론에 가까웠다. 총 9건의 글 중 온건론 1건, 신중한 온건론 7건, 강경론 1건으로 나타났다.

자문위원들은 박근혜 정부의 북한 문제에 대해 강경한 반응(박 대통령의 "북한이 핵을 포기하지 않으면 체제 생존이 불가능하다는 것을 분명히 깨닫도록 해야 한다" 발언 등)과 관련해 보다 신중하고 온건한 대응을 요구했다고 볼 수 있다.

마. 5차 북한 핵실험

◇ 개요

북한은 2016년 1월 6일 4차 핵실험을 실시한 데 이어 8개월 후인 9월 9일 5차 핵실험을 강행했다. 북한의 연이은 핵실험과 관련되어 우리 정부의 입장과 대응 방안에 관한 전문가들의 안보정향은 온건론과 강경론으로 구분하였다. 그리고 신중론의 입장을 취했다.

온건론은 북의 핵실험에도 불구하고, 대화와 외교적 노력을 통한 북핵 문제의 타결이 가능하다는 입장이다. 강경론은 북한의 핵실험이 한국의 안보에 심각한 위협이 되며, 대북 제재와 같은 강경한 대응책으로 북한의 변화를 요구하는 입장이다. 신중론은 온건론 혹은 강경론 사이의 신중한 경향 혹은 중도적인 입장을 의미한다.

〈표 8-6〉 5차 북핵 실험 평가

필자	일자	논지	자료 종류
양무진	2016. 09.27	– 북한 5차 핵실험으로 한반도 문제가 과격화 · 국제화되고 있음. – 우리에게 미국과 중국, 제재와 협상은 어느 하나 쉽게 버리기 어려운 카드임. 지금까지 북한의 도발적 행위에 대한 벌을 주고 문제 해결을 위해 미국과 제재라는 카드에 집중했다면 앞으로는 중국과의 협상에도 눈길을 돌릴 필요가 있음. https://www.khan.co.kr/article/201609272035025	경향 신문 링크
정영태	2016. 10.07	– 핵실험을 거듭하면서 북한의 평화협정 체결 요구는 더욱 노골화되는 추세를 보이고 있음. 북한은 미국과의 직접 협상을 통한 '평화협정 체결 → 유엔사 해체 및 한미동맹 관계 변화 → 주한미군의 기능과 역할 변화 → 주한미군 철수' 등의 순서로 목표를 달성하려 함. – 외교적 수단으로 북한의 핵무장이 적극 활용되기 시작했다는 현실은 우리에게는 분명 위기임. https://www.joongang.co.kr/article/20687866#home	중앙 일보 링크
정영태	2016. 10.11.	– 이제 남은 것은 국제적 제재를 통한 대북 압박으로 북한을 핵 협상장으로 끌어내는 방안임. 북한이 견디기 어렵도록 만드는 대북제재 조치들이 지속적으로 확대되고 강화된다면, 김정은 정권 자체의 변동이 생기거나, 핵 포기 선언으로 진정성 있는 핵 협상이 이루어질 가능성도 있음.	중앙 일보 링크

김근식	2016. 10.	- 한국의 핵무장론은 정당성이나 현실에서 결코 대안이 되지 못함. 현실성의 측면에서도 우리의 핵무장은 시작조차 불가능함. 핵무장론은 북한의 핵실험 강행과 핵 위협 증대에 대한 우리의 감정적 대응일 수 있음.	통일 시대 4049
김영희	2016. 10.	- 핵 · 경제 병진에서 '핵 우선, 경제 다음'. 핵 개발은 먼저, 경제 개발은 뒤에 하려는 것, 북한과 거래하는 제3국의 기업과 은행, 정부에 모두 제재를 가하는 세컨더리 보이콧 같은 강력한 제재 방안이 필요함.	통일 시대 4028~4029
구본학	2016. 11.	- UN의 대북 제재는 중국의 미온적인 태도로 별다른 효과를 보지 못하고 있음 - 미국에서 거론되고 있는 대북 선제 타격론과 우리 국내에서 대두되고 있는 핵무장론 및 주한미군 전술핵 재배치가 현실적 대안으로 적절한지는 의문임. 외부 세계의 정보를 북한에 유입시켜 북한 체제를 변화시키는 것이 북핵 문제 해결에 가장 효과적인 방법일 수 있음.	통일 시대 4054~4055
김영수	2016. 11.	- 우리도 북핵에 맞서 비대칭으로 전력으로 가야 함. - 이제는 그래야 할 상황이 목전에 와 있음. 확성기 방송 중단에 모든 걸 걸려고 하고, 전단지만 뿌리지 않으면 대화하겠다는 북한 태도를 감안하면 우리가 어떤 선택을 해야 하는지 분명함.	통일 시대 4084
변진석	2017. 02.	- 북한이 5차에 걸친 핵실험과 다수 미사일 시험발사서 나타나듯 제재에 대한 노력은 현재까지 성공하지 못함. 대북 금융제재를 철저하게 추진해야 큰 효과 가져올 수 있음.	통일 시대 4168~4169

박인휘	2017. 06.	– 북핵 문제는 미 · 중 파워 게임으로 난관에 처함. 우리에겐 평화 · 정의 바탕의 외교 전략이 필요함. – 문재인 정부 앞에 놓인 3가지 난제 설명.	통일 시대 4296
정영태	2017. 06.19.	– 북한이 5차례의 핵실험을 단행하고 각종 미사일 시험발사를 통해 그들의 핵 무력을 상당한 수준으로 고도화해 나가면서 '핵 군축 회담' 논리로 미국과의 직접 대화를 유도하고자 할 것. – 그러나 미국은 미국대로 북한의 이 같은 주장을 수용할 가능성을 근본적으로 부정하고 있는 상황임. 이제 6자회담과 같은 '비핵화'를 위한 다자협상은 더 이상 의미를 지닐 수 없게 된 것처럼 보임.	중앙 일보 링크
정영태	2017. 07.17.	– 북한 당국은 핵、미사일 개발 중단과 개발 강화 압박 카드를 활용하여 미국과의 대화를 도출해 내려고 할 것. 그럼에도 불구하고 북한은 미국과의 직접적인 평화 협상을 포함한 확실한 보상 없이는 미사일 개발을 중단한다고 하더라도 시늉에 그칠 가능성이 더 크다는 데 주의를 요함. – 북한 당국은 미국과의 대화를 이끌어 내기 위해서 중국과 러시아를 적극적으로 이용하려 할 것.	중앙 일보 링크
정영태	2017. 07.31.	– 북한은 핵 · 미사일 수단을 활용해서 보다 적극적으로 미 · 북 평화협정 체결을 위한 대미 외교를 본격화할 것으로 전망됨. – 북의 '평화협정' 체결 요구에 보다 신중한 태세가 요구됨.	중앙 일보 링크

고유환	2017. 07.	- 박근혜 정부 시기 핵실험과 미사일 발사에 따른 개성공단 폐쇄 등 남북 관계 완전 단절됨. - 선 비핵화론을 넘어 단계별 포괄 해법 모색해야 함. 북핵 문제의 근본적 해결까지 많은 시간이 소요될 가능성이 높기 때문에 북핵 해결 노력과 함께 변화를 촉진하기 위한 '전략적 관여 정책'도 병행해나가야 할 것.	통일 시대 4329~ 4330
정영태	2017. 08.06.	- 유엔 대북 제재에도 불구하고 북한은 핵실험 또는 장거리 미사일 시험발사를 되풀이하는 태세를 견지해 나갈 것. - 제재 여부와 관계없이 북은 장거리 핵미사일 전력을 완성하고자 노력할 것으로 보여, 이를 억제하기 위한 결정적인 '한방'을 찾아 나서야 할 필요성이 제기되는 것.	중앙 일보 링크

요 약

북한의 5차 핵실험에 대한 자문위원들의 안보정향은 강경론에 가까웠다. 총 14건의 글 중에서 신중한 온건론 3건, 신중론 1건, 신중한 강경론 5건, 강경론 5건의 안보정향이 나타났다. 특히 정영태의 경우 6건의 신중한 강경론의 의견을 제시했다. 4차 핵실험까지 비교적 온건론에 가까웠던 자문위원들의 안보정향이 5차 핵실험을 계기로 강경론으로 돌아서게 된 것이다.

전문가들은 국제사회의 대북 제재에도 불구하고 2016년에만 두 번째 핵실험을 실시한 북한에 대해 보다 강경한 정부의 대응책을 주문한 셈이다. 또한 핵실험과 함께 북의 평화협정 체결 공세, 6자회담의 정체현상의 상황에서 자문위원들은 보다 비대칭 전력 강화 혹은 강력한 대북 제재, 대북 전단 살포 등의 강경책을 제안했다.

바. 6차 북한 핵실험

◈ 개요

북한은 문재인 대통령 재임 기간인 2017년 9월 3일 6차 핵실험을 실행했다. 북한의 핵실험과 관련되어 우리 정부의 입장과 대응 방안에 관한 전문가들의 안보정향을 온건론/신중한 온건론/신중론/신중한 강경론/강경론으로 구분하였다.

온건론은 북의 핵실험에도 불구하고, 대화와 외교적 노력을 통한 북핵 문제의 타결이 가능하다는 입장이다. 강경론은 북한의 핵실험이 한국의 안보에 심각한 위협이 되며, 대북 제재와 같은 강경한 대응책으로 북한의 변화를 요구하는 입장이다. 신중론은 온건론 혹은 강경론 사이의 신중한 경향 혹은 중도적인 입장을 의미한다.

〈표 8-7〉 6차 북핵 실험 평가

필자	일자	논지	자료 종류
이대근	2017. 09.05.	– 이번 핵실험이 드러낸 것은 트럼프가 김정은을 제대로 다룰 수 없으며 박근혜 정부의 전략도 실패했음을 알 수 있음. – 한국은 선제적인 한 · 미 연합훈련 중단으로 대화 국면을 조성, 핵 · 미사일 실험 중단을 유도하고 핵 동결을 이끌어내야 함. 6차례나 실패를 반복한 대북정책이 있다면 그건 '실패한 방법'이고 다른 방법을 찾아야 함.	경향 신문 링크
김준형	2017. 10.	– 4반세기의 시간이 지나도 북핵 문제 해결의 가능성은 점점 작아지고 있음. – "기존의 비핵화–평화 체제 교환 매트릭스를 파기할 것이 아니라 이에 대한 양 진영이 각자 견지하고 있는 교환 조건에 대한 인식을 교정할 방법을 찾아보는 한편, 북한을 협상으로 견인하기 위해 제재 프레임과 동시적으로 가동할 경우 해결의 실마리를 풀 수 있을 것." – 우리 주도의 자강 외교를 통해 평화 주도 국가로 발돋움해야 함. 평화 담론으로 안보 포퓰리즘과 안보딜레마를 극복하고, 남북 관계의 적극적 개선을 통해 긴장을 해소해야 함. https://www.kci.go.kr/kciportal/ci/sereArticleSearch/ciSereArtiView.kci?sereArticleSearchBean.artiId=ART002293790	통일 정책 연구 링크

이호령	2017. 10.	- 북한 핵 · 미사일 위협 고도화에 대한 우리의 대응과 대응 전략은 안보의 시급성에 기초한 현실적인 단기 방안에서 전략적 해법을 찾아나가야 함. - 우리는 북한의 행동 변화를 위한 제재와 압박의 원 트랙에 집중하는 한편, 군사적 대응 능력 강화를 통해 북한이 오판할 경우 북한이 받게 될 비용을 최대한 높여야 함. 그리고 대화의 창은 유지하되, 우리가 먼저 열겠다는 시그널을 보내서는 안됨.	통일 시대 4436~ 4437
윤덕민	2018. 06.02.	- 김정은은 70여 발의 탄도미사일 실험과 네 차례의 핵실험 끝에 수소폭탄을 실은 대륙간탄도미사일(ICBM)로 미국 본토 공격 능력을 구축했고 미 · 북 정상회담이란 승부수를 던졌음. - 북한의 진정한 비핵화 의지를 가늠하는 척도 제시. - 선(善)한 의도는 종종 냉혹한 진실을 못 보게 가로막음. 5천만 국민의 안위(安危)가 걸린 막중한 안보 사안인 만큼 정부는 중재역이 아닌 당사자로서 끝까지 냉철하게 접근해야 함. https://www.chosun.com/site/data/html_dir/2018/06/01/2018060103742.html	조선 일보 링크
정영태	2018. 09.13.	- 김정은 정권은 '핵 무력 완성'을 선언했고, 일종의 핵 감축 조치 결정을 내렸음. 북한 당국은 이를 두고 '핵강국'의 일원으로서 행하는 자발적인 핵 군축 조치라 선전함. - 향후 북한의 실질적인 '완전한 비핵화'를 전제한 미 · 북 협상은 원점을 맴돌 가능성이 더 클 것이라는 데 유의해야 함.	중앙 일보 링크

정영태	2019. 10.26.	- 향후 북한은 체제 보장과 제재 해제에 대한 미국의 '새로운' 변화를 끌어내는 데 초점을 둘 것. - 핵실험 및 ICBM 시험발사 재개가 그것임. 핵의 완성으로 미국을 직접 위협할 수 있을 때까지 제재를 견뎌내면서 그들의 은밀한 핵미사일 개발을 우선하는 정책을 멈추지 않을 것이라는 데 주의를 기울여야 함.	중앙 일보 링크
정영태	2020. 01.02.	- 북한은 대북 제재에 대응해 '자력갱생'으로 '대미항전' 중이며, 전략무기 개발 지속으로 정치외교 및 군사적 돌파를 택할 것. - 남북 관계는 북·미 대결에 종속되어 있음. 한국도 그들 편에 서서 미국을 반대하고 투쟁하지 않고 미국과 협력적 태세를 유지한다면 적대세력이 되며 심대한 타격의 대상일 수 있다는 것을 경고하고 있는 셈.	중앙 일보 링크

요약

북한의 6차 핵실험과 관련된 자문위원들의 전반적인 안보정향도 5차 핵실험에 이어 강경론에 보다 더 가까웠다. 총 7건의 글 중에서 신중한 온건론 2건, 신중론 1건, 신중한 강경론 1건, 강경론 3건으로 드러났다. 여전히 북한의 핵·미사일 위협에 대한 우려가 계속되었으며 특히 대륙간탄도미사일에 대한 우려가 많았다. 5차 핵실험 때와 마찬가지로 정영태가 확고한 강경론을 보였다.

3 한미 안보협력

가. 주한미군 철수

◇ 개요

주한미군은 1945년 9월 한국 주둔을 시작했고, 한미상호방위조약과 주한미군지위협정에 의해 대한민국 내에서 합법적 지위를 확보하고 있다. 북한은 기본적으로 주한미군의 존재를 부정적으로 인식했다. 그리고 한국에서는 2002년 미군 여중생 압사 사고 이후로 주한미군의 존재와 한미상호방위조약(SOFA)에 대한 논란이 생기기 시작했고 주한미군 철수가 제기되기 시작했다. 이와 관련된 자문위원들의 안보정향을 찬성/신중한 찬성/신중/신중한 반대/반대로 구분하였다.

찬성은 주한미군 철수가 한국의 안보에 큰 영향을 미치지 않다고 보거나 주한미군의 주둔을 부정적으로 평가하기 때문에 주한미군 철수에 찬성하는 입장이다. 반대는 주한미군의 주둔 목적이 북한 도발 억제이므로 주한미군 철수가 한반도 평화에 위협이 되거나 북한의 전략에 휩쓸릴 위험성이 있기 때문에 주한미군 철수에 반대하는 입장이다. 신중은 주한미군 철수와 반대 사이에서 신중을 기하는 입장이다.

〈표 8-8〉 주한미군 철수에 대한 평가

필자	일자	논지	자료 종류
김남식	1994. 09.14.	- 북한이 제안한 평화협정이 바로 미군 철수와 연결된다는 생각도 있으나 다른 시각에서 볼 필요가 있음. 북·미 관계 개선이 이뤄져 미국의 북한에 대한 안보상 담보가 확고히 보장된다면 주한미군의 성격과 임무는 달라질 수밖에 없기 때문에 평화협정을 체결한다 해도 미군 철수 문제가 협정 체결 조건이 될 수는 없음. https://www.bigkinds.or.kr/v2/news/newsDetailView.do?newsId=01101001.19940914000000501	한겨레 신문 링크
김명기	1995. 03.03.	- 평화협정 체결로 주한미군 철수와 함께 미국과 국교 정상화를 이루고, 궁극적으로 국제사회에 북한의 정치적 고립화를 면하는 동시에 경제적 난국을 타개하려는 것임. https://www.bigkinds.or.kr/v2/news/newsDetailView.do?newsId=01101001.19950303000000402	한겨레 신문 링크
안병준	1995. 01.01.	- 주한미군은 한반도에서만 전쟁을 억제할 뿐만 아니라 미국의 전방 배치를 허용하여 동아시아 지역의 안정과 평화에 기여하므로 대한민국은 미국의 중요한 안보 동반자임. https://www.bigkinds.or.kr/v2/news/newsDetailView.do?newsId=01100101.19950101000002601	경향 신문 링크
윤덕민	2000. 07.22.	- 남북 관계가 진전될수록 국내에는 주한미군을 통일 저해 요인으로 보고 철수를 요구하는 목소리가 높아갈 것.	중앙 일보 링크

		– 하지만 주한미군만 철수하면 통일을 비롯한 한반도 평화 문제가 쉽게 풀릴 것이라는 생각은 잘못된 것임. 독일통일 과정에서 미국이 서독에 지원을 아끼지 않았던 것처럼 우리에게도 미국의 지원이 필요함.	
장달중	2000. 07.31.	– 최근 주한미군 철수 운동과 한미상호조약 수정 주장이 제기되는 중. 변화되는 남북 관계 속에서 보다 평등한 한미 관계로 향하는 양국의 역할구조를 어떻게 재정립할 것인가 하는 문제를 진지하게 검토해야 함. – 미국은 주한미군의 현실을 보다 냉정하게 파악해 우방으로서 우리 국민의 절실한 외침에 귀를 기울일 필요가 있을 것. 여기에 SOFA 개정 협상의 의의가 있음.	중앙 일보 링크
이대근	2002. 05.14.	– 탈냉전은 한 · 미 · 일 삼각 안보동맹의 변화를 요구함. 주한미군은 대소 견제력에서 북한 억지력으로, 다시 동북아 균형자로서 그 역할과 성격을 바꾸어 갔지만 이 문제를 놓고 한번 제대로 논의해 본 적도 없음. https://www.bigkinds.or.kr/v2/news/newsDetailView.do?newsId=01100101.20020514000000602	경향 신문 링크
김경원	2002. 12.02.	– 만일 주한미군이 철수하는 경우, 안보는 말할 것도 없고 엄청난 경제적 위기를 초래할 것이 틀림없음. – 주한미군의 역할은 한반도에 국한될 수 없는 것. 주한미군의 존재 이유를 앞으로는 동북아의 지역적 전략 균형 문제와 연결해 정의하는 것이 필요.	중앙 일보 링크

강정구	2003. 03.03.	– 진정한 국익은 주한미군 '불가피론'이 아니라 '완전철수론'으로 귀결될 수밖에 없음. – 주한미군 불가피론은 주로 두 가지를 전제함. 즉 '북한 위협론'과 '남한군 열세론'이 그것임. 그러나 역사적 사실은 북한 위협론이 아니라 오히려 '미국 위협론'이 진실임을 보여줌. https://www.bigkinds.or.kr/v2/news/newsDetailView.do?newsId=01101001.20030303000000901	한겨레 신문 링크
하영선	2003. 08.26.	– 개혁개방의 정치보다 선군정치를 우선적으로 강조하고 있는 북한은 불가침조약이라는 법적 담보를 주한미군 철수라는 군사적 담보와 한·미 공조의 해체라는 정치적 담보의 서곡으로 강조하고 있음.	중앙 일보 링크
김경원	2004. 08.22.	– (주한미군 주둔 문제에서) 한국은 독일과 대조적임. 우선 독일은 분열이 극복된 상태에서 미군의 규모를 조정하고 있는 반면, 한국은 한반도에 어떤 분열도 극복되지 않은 상태에서 주한미군만 감축해야 하는 이유가 분명치 않음. – 주한미군 감축이 문제가 되는 이유는 그것이 북한에 잘못된 신호를 보낼 수도 있다는 점과 그것이 한국 내 반미감정에 대한 감정적 반응일 가능성이 크기 때문. https://www.bigkinds.or.kr/v2/news/newsDetailView.do?newsId=01101001.20050902100009461	중앙 일보 링크
정욱식	2005. 09.02	– 주한미군 주둔론자는 미군 주둔에 따른 '득'을 극대화하며 철수 때 야기될 문제를 부풀려 영구 주둔 근거를 마련하는 중. 철수론자는 주한미군의 부정적 측면을 극대화하고 미군 철수 때 야기될 문제를 도외시하는 경향이 있음.	한겨레 신문 링크

		- 한-미 동맹이 '위협 대응형'에서 '위협 초래형'으로 바뀌고 있는 것은 아닌지 되물어봐야 함. 안보를 위해 다른 가치 손실을 감수해야 한다는 주한미군 주둔론의 근본 전제가 잘못된 것일 수 있다는 것을 의미함. https://www.bigkinds.or.kr/v2/news/newsDetailView.do?newsId=01101001.20050902100009461	
정영태	2009. 05.	- 북한 핵무장과 장거리 로켓 발사로 남북 비대칭 군사력이 심화됨. 한미 연합 군사력 강화가 절실함. - 북한이 핵미사일 능력을 지렛대로 미국의 대북 제재를 풀고 미국과의 안보 대화(군사대화) 채널을 제도화하여 종전선언 → 북 · 미평화협정 체결 → 유엔사해체→ 주한미군 기능과 역할 변화 또는 철수로 연결하는 기본전략을 구사할 가능성이 커졌음.	통일 시대 1373~1376
전성훈	2010. 12.06.	- 북한 정권은 대외적으로 서해 북방한계선(NLL)을 빌미로 정전 체제에 시비를 걸고 미국과 평화협정을 체결해 주한미군이 스스로 물러나지 않을 수 없는 상황을 만들고자 함. - 평화협정 체결시 미국 국민들이 먼저 주한미군 철수를 요구할 것이기 때문임. 여기에는 물론 평화 무드를 조성해서 남한사회를 교란하고 안보태세를 무력화시키기 위한 전략도 있음. https://www.hani.co.kr/arti/opinion/column/452237.html	한겨레 신문 링크

정영태	2016. 10.07.	- 북한은 미국과의 직접 협상을 통한 '평화협정 체결 → 유엔사 해체 및 한미동맹관계 변화 → 주한미군의 기능과 역할 변화 → 주한미군 철수' 등의 순서로 목표를 달성하려는 북한 고유의 '한반도 평화 프로세스'를 설정하고 있는 것. - 이를 위해 북한은 '북·미 안보 대화'라는 직접적인 대미 '투쟁의 틀'을 우선적으로 구축하려고 할 것. 여기에서 북한은 정전 체제의 평화체제로의 전환과 주한미군 문제 및 남북한 군축 문제와 관련한 협상을 통해서 한미 군사 관계를 변화시키고자 함.	중앙 일보 링크
정영태	2016. 11.10.	- 트럼프 정부는 주한미군 철수는 결코 없을 거라는 한국인들의 믿음을 깨트려 주한미군의 값어치를 높일 가능성이 큼. 북한은 그들의 핵 수단을 지렛대로 하여 주한미군 철수 목표를 달성하고자 함. 반면, 한국은 북한 핵 위협에 맞서 주한미군의 필요성을 더욱 강조해야 하는 상황에 직면해 있음.	중앙 일보 링크
정영태	2017. 06.19.	- 북한은 핵 개발 고도화를 지속하면서 '핵수단'으로 미국과의 안보적 대화를 이끌어내고자 할 가능성이 큼. 미·북 안보 대화를 통해 미·북 평화협정 체결, 주한미군 철수 목표 달성으로 미국의 위협을 제거하는 것이 곧 그들 체제를 보위하는 유일한 방법으로 인식하고 있는 것으로 판단됨.	중앙 일보 링크
강인선	2018. 07.13.	- 북한의 핵·미사일 위협 제거가 시급하다면서 트럼프는 자꾸 주한미군 철수를 언급하고 있음. - 시대 변화에 따라 동맹은 변해왔고 변해야 함. 주한미군이 필요 없는 날도 올 것이지만 북한 비핵화엔 진전이 없는데 주한미군 감축/철수부터 서두르는 최악의 시나리오는 막아야 함.	조선 일보 링크

이춘근	2019. 01.11.	– 한 · 미동맹과 주한미군은 마치 동전의 양면 같은 것으로 주한미군이 철수한다는 사실은 한 · 미동맹의 종식을 의미할 수 있음. 그러나 주한미군의 '완전한' 혹은 '전면' 철수만이 '한미동맹의 종식'과 같은 의미로 볼 수 있음. – 한미동맹은 결코 쉽게 소멸되지 않으며 주한미군의 완전 철수도 쉽게 이루어질 일은 아님. https://weekly.chosun.com/news/articleView.html?idxno=13910	조선일보 링크
강인선	2019. 10.11.	– 미 정계에서 주한미군 철수에 대한 논의가 진행 중임. 트럼프 대통령이 7일 시리아 주둔 미군을 철수시킴으로써 혈맹이었던 시리아 내 쿠르드족을 버린 것처럼 주한미군을 철수할 가능성도 있음. https://www.chosun.com/site/data/html_dir/2019/10/11/2019101100168.html	조선일보 링크

요약

주한미군 철수와 관련된 자문위원들의 안보정향은 반대에 가까웠다. 총 18건의 글 중에서 찬성이 1건, 신중한 찬성이 1건, 신중이 4건, 신중한 반대가 2건, 반대가 11건이었다. 반대를 펼친 자문위원들은 주한미군 철수가 북한의 평화공세 전략의 일환이거나, 주한미군 철수가 제기된 계기가 안보적 차원의 고려에서 나온 결과물이 아니라 반미감정에 의한 감정적 반응이라는 점에서 문제를 제기하고, 안보적 차원에서 우리는 미군의 도움이 필요하다는 점을 주장했다.

그리고 신중한 입장을 나타낸 위원들은 주한미군 철수가 시대적 변화에 따라 제기될 수밖에 없는 이슈라고 인정을 하면서도 동북아의 안보 질서와 상황에서 주한미군 철수 여부는 신중히 결정되어야 한다고 주장했다.

나. 유엔사 해체

◇ 개요

유엔사, 즉 유엔군사령부(UNC: United Nations Command)는 한국전쟁을 계기로 유엔안보리의 결의에 의해 창설되었다. 한국 내 유엔군은 한국의 안보가 곧 자신들의 안보와 직결된다고 생각한 국가들이 유엔의 주도하에 병력을 보내면서 자발적으로 만든 국제군이다. 1978년 한미연합사령부로 한국군과 주한미군에 대한 전시작전통제권('작통권')을 이양했고, 주한미군 사령관이 유엔사 사령관과 한미연합사 사령관을 겸직했다. 유엔사 문제는 민족적, 안보적 차원에서 민감한 문제가 될 소지가 있었고 유엔사 해체 주장이 제기되어 왔다. 따라서 유엔사 해체 주장과 관련된 자문위원들의 안보정향을 찬성/신중한 찬성/신중/신중한 반대/반대로 구분하였다.

찬성은 유엔사 해체에 찬성하는 입장이고, 반대는 유엔사 해체를 반대하는 입장이다. 신중은 유엔사 해체 주장과 관련해 신중을 기하는 입장이다.

〈표 8-9〉 유엔사 해체에 대한 평가

필자	일자	논지	자료 종류
김남식	1994. 09.14.	- 91년 남북 모두 유엔에 가입함으로써 북한은 유엔으로부터 안전보장을 받아야 할 자격을 얻게 됨. 유엔과 북한의 휴전상태라는 비정상적인 관계를 정상적인 관계로 바꿔야 하며 그러기 위해 '유엔사' 해체가 불가피하게 된 것. https://www.bigkinds.or.kr/v2/news/newsDetailView.do?newsId=01101001.19940914000000501	한겨레 신문 링크
이장춘	2000. 09.19.	- 평화협정이 체결된다면 유엔사는 해체되고 지금까지 미군이 맡아 온 남북 간의 군사분계선 및 비무장지대 통제가 한국군에 이양됨.	경향 신문 링크
김현아	2005. 01.27.	- 비무장지대 · 민통선 지역에선 모든 게 유엔사 규칙에 의해 규제됨. 경의선 연결 지뢰 제거 작업의 남북 상호검증과 금강산 육로관광객의 휴전선 통과에 제동을 건 것도 유엔사임. - 우리의 문제가 우리 손에 있는 것이 아니라 그들의 손에 쥐어져 있다고 할 황당한 이야기가 바로 유엔사 문제임. https://www.bigkinds.or.kr/v2/news/newsDetailView.do?newsId=01101001.20050127100003782	한겨레 신문 링크
전봉근	2006. 11.22.	- 그동안 평화 체제 논의에서 항상 '동맹론'과 '민족론'이 충돌했음. '동맹론'은 평화 체제 구축이 전작권 이전과 유엔사 해체를 가속화할 것을 우려해 '선 비핵화, 후 평화협정' 입장을 견지했음. 반면 '민족론'은 평화협정 체결과 북 · 미 수교를 통해 북한의 핵 포기를 유도하자는 의도로 평화 체제의 조기 구축을 주장했음. - 그러나 이런 명분론적 평화 체제 논쟁은 정책적 의미를 잃었음.	중앙 일보 링크

정영태	2009. 05.	- 북한 핵무장과 장거리 로켓 발사로 남북 비대칭 군사력 심화됨. 한미 연합 군사력 강화가 절실함. - 북한이 핵미사일 능력을 지렛대로 미국의 대북 제재를 풀고, 미국과의 안보 대화(군사대화) 채널을 제도화하여 종전선언 → 북 · 미평화협정체결 → 유엔사해체→ 주한미군 기능과 역할 변화 또는 철수로 연결하는 기본전략을 구사하고 나올 가능성이 커졌음.	통일 시대 1373~1376
함재봉	2014. 11.05.	- 6 · 25전쟁이 끝난 지 60년이 지난 현시점에서 유엔사 역할이 무엇인지, 또 얼마나 중요한지 알고 있는 사람은 많지 않음. 많은 사람들이 모르고 있는 것은 한미연합사도 유엔사 없이는 존속하기 힘들 정도로 유엔사 역할이 절대적임. - 유엔사는 오늘도 북한의 도발을 억제하고 대한민국의 안보를 지켜주는 막강한 다국적 군사 안보 체제임. 북한이 유엔사에 대하여 그토록 민감한 이유임. https://www.chosun.com/site/data/html_dir/2014/11/04/2014110404529.html	조선 일보 링크
정영태	2016. 10.07.	- 북한은 미국과의 직접 협상을 통한 '평화협정 체결 → 유엔사 해체 및 한미동맹 관계 변화 → 주한미군의 기능과 역할 변화 → 주한미군 철수' 등의 순서로 목표를 달성하려는 북한 고유의 '한반도 평화 프로세스'를 설정하고 있는 것. 이를 위해 북한은 '북 · 미 안보 대화'라는 직접적인 대미 '투쟁의 틀'을 우선적으로 구축하려고 할 것.	중앙 일보 링크

윤덕민	2019. 02.11.	– 하노이에서 종전선언을 할 경우, 유엔사령부의 근거가 사라짐. 유엔사가 해체되면 유엔사 후방 기지들을 자유 사용할 근거가 없어짐. 한국전쟁 당시 부산 교두보를 확보하게 하여 북한의 적화통일을 좌절시키는 데 결정적 공헌을 했던 기지들임. https://www.chosun.com/site/data/html_dir/2019/02/10/2019021001854.html	조선일보 링크

요약

유엔사 해체 주장과 관련된 자문위원들의 안보정향은 반대에 보다 더 가까웠다. 총 8건의 글 중에서 찬성 3건, 신중 1건, 반대 4건으로 나타났다. 반대들은 종전선언, 평화협정 체결 등으로 유엔사가 해체된다면 심각한 안보 위험 상황에 처할 것이라고 주장했고, 찬성들은 유엔사 해체가 보다 더 정상적인 상황이라는 당위성을 주장했다.

특이 사항은 유엔사 해체 관련 제기된 최초의 안보정향들(김남식, 김현아)이 찬성을 보였지만, 그 이후로는 반대와 신중만 제기되었다는 점이다.

다. 전시작전통제권 환수

◇ 개요

1950년 한국전쟁 7월 한국군의 작전 지휘권은 유엔군사령관에게 이양되었다. 1954년 한미 상호방위조약이 발효되면서 작전지휘권은 작전통제권으로 명칭이 전환되었고, 유엔군 사령관이 작전통제권을 계속 보유하게 되었다. 1978년에는 한미연합사령부가 한국군과 주한미군에 대한 전시작전통제권을 갖게 되었고 주한미군 사령관이 유엔사 사령관과 한미연합사 사령관을 겸직했다. 1994년에는 평시 작전통제권이 한국군에 환수되었다. 그리고 김대중, 노무현 정부 시기부터 전시 작전통제권 환수에 관한 이슈가 제기되기 시작했다. 따라서 이에 관한 자문위원들의 안보정향을 찬성론/신중한 찬성론/신중론/신중한 반대론/반대론으로 구분하였다.

찬성론은 전작권 환수를 찬성하는 입장이고, 반대론은 전작권 환수를 반대하는 입장이다. 그리고 신중론은 전작권 환수와 관련한 신중한 혹은 중도적인 입장을 의미한다.

〈표 8-10〉 전시작전통제권 환수 평가

필자	일자	논지	자료 종류
이장춘	2000. 09.19.	- 평화협정이 체결된다면 유엔사는 해체되고 지금까지 미군이 맡아 온 남북 간의 군사분계선 및 비무장지대 통제가 한국군에 이양됨. - 작전 지휘권까지 회수하게 되면 국민정서상 더할 나위 없이 좋겠지만 그 대가는 현실적 생사 문제가 됨.	경향 신문 링크
박태균	2006. 08.16.	- 미국에서 주한미군 감축 또는 철수가 계획될 때마다 한국군의 작전통제권 문제가 고려됨. 대표적으로 63년 11월 미국 국방부와 국무부가 내놓은 한 문서에서 지적한 문제가 만약 한 개 사단 이하로 주한미군이 감축될 경우 한국군의 작전 지휘권을 통제할 수 없다는 내용.	한겨레 신문 링크

		- 미국 정책 분석도 제대로 하지 않은 채 우리 처지에서만 한-미 관계를 재단하는 경우가 적지 않음. 이제 주먹구구식 계산법에서 벗어나야 함. https://www.bigkinds.or.kr/v2/news/newsDetailView.do?newsId=01101001.20060816100002949	
김근식	2006. 08.24.	- 전시작통권 환수를 반대하는 가장 강력한 주장은 작통권을 환수하면 한미동맹이 깨지고 주한미군이 철수할 것이며 유사시 미국의 전시증원 약속도 없을 것이라는 논리. - 그러나 이 무시무시한 주장은 사실관계에 토대하지 않은 다분히 감정적 억지였음. 논란의 한가운데서 벨 주한미군 사령관이 미군의 추가 감축이 없을 것이며 한미가 믿음직한 동맹으로 남을 것이라고 확인해 주었음. https://www.bigkinds.or.kr/v2/news/newsDetailView.do?newsId=01100101.20060824100004445	경향 신문 링크
김근식	2006. 09.	- 한국전쟁과 냉전 시기 미국에 전시작통권을 이양했지만, 이제는 북한의 남침을 억제할 경제력과 군사력을 보유한 국가로 전시작통권 환수 준비는 당연한 시대적 요구임. - 남북 관계의 발전과 미래 한국의 통일상황을 준비 차원에서도 우리 군대에 대한 통제권을 가져야 국가이익에 맞는 결정을 내릴 수 있음. 전시작통권 환수 이후에도 굳건한 한·미 군사동맹을 토대로 한국군이 행사하는 전시작통권 하에서도 군사적 능력은 충분함.	통일 시대 730

전성훈	2010. 04.01.	– 북핵 문제는 예사로운 방법으론 해결될 수 없는 문제가 됨. 하지만 국가 간의 합의사항인 전작권 전환 결정 자체를 무효화하는 것은 불가능, 그래서 대안으로 나온 것이 '연기'론임. 북한 핵 문제가 해결되고 안보 환경이 개선될 때까지 시점을 늦추자는 것. 바람직한 대안임은 분명하지만, 비용과 전략적 어려움이 존재함.	중앙 일보 링크
박태균	2015. 12.08.	– 과거 노무현 정부는 전시작전통제권 환수와 관련해, 한국의 "동북아 균형자 역할"을 주장하며 이를 추진함. 하지만 보수진영은 "한·미동맹 훼손"을 우려함. – 전시작전통제권 환수는 정치적으로 판단해야 할 문제가 아니라 안보적 관점에서 고민하고 다뤄야 할 문제였으나 사회적 합의를 이루지 못해 참여정부의 임기가 끝난 이후 모든 계획은 백지화되었고, 주변국의 군사전략 변화에 대처하지 못하는 상황에 처하고 말았음. https://www.khan.co.kr/article/201512082045035	경향 신문 링크
박철희	2016. 12.21	– 트럼프 행정부의 주한미군 기지 분담금 인상 요구에 대해서 이를 전향적으로 검토하면서도 한국의 자주적인 방위력을 향상시키기 위해 군사기술 이전, 첨단 장비 판매, 한국의 독자적인 방위 능력향상, 전시작전권 조기 이양의 기회로 치환할 필요가 있음. 트럼프 행정부와 협력하면서 '한국 방위의 한국화'를 재촉해 나가야 한다. https://www.chosun.com/site/data/html_dir/2016/12/20/2016122003081.html	조선 일보 링크

요약

전작권 환수와 관련한 자문위원들의 안보정향은 신중에 다소 가까운 경향을 보였다. 총 7건의 글 중에서 찬성 1건, 신중한 찬성 1건, 신중 3건, 신중한 반대 1건으로 나타났다. 특히 박태균(신중 2건)은 전작권 환수 문제와 관련해 제대로 된 미국의 정책 분석이 선행되어야 하며 국가의 안보적 차원에서 전작권 환수 문제가 고민되고 다루어져야 한다고 주장했다.

제10장 맺음말

역대 한국 정부(노태우 정부부터 윤석열 정부까지)의 임기 동안 발생했던 주요 안보 쟁점들과 관련해 각 정부의 다양한 안보정책과 현안에 대해 전문가들의 의견과 비교 평가를 살펴보았다. 이를 보면, 우리나라 안보 이슈는 북핵 문제를 비롯하여 북한 비핵화, 남북정상회담, 개성공단 폐쇄, 북·미 관계, 9·19 군사합의 및 파기 등등 주로 북한과 관련되어 있다. 그러다 보니 안보 정책의 불변의 상수는 역대 정권의 성격과 무관하게 늘 북한이다.

북한은 정권 수립 이후 오늘까지 국제사회의 대북 제재에도 국력을 온통 핵무장에 쏟아부었다. 이에 따라 여섯 차례의 핵실험을 통해 핵전력을 고도화한 북한은 전 세계에서 아홉 번째 핵보유국이 사실상 되어 있다. 2024년 5월 서울에서 열린 한·중·일 3국 정상회의에서 북한을 의식한 중국의 반대로 한반도 비핵화 원칙을 공동선언에 명시하지 못했다. 이는 30년 전만 해도 '한반도 비핵화가 중국의 기본 입장'이라던 것과 사뭇 달라진 것이다. 특히 태생적으로 '북핵이란 금수저'를 물고 태어난 김정은은 2022년 9월 '핵 무력 정책'을 법제화하고 핵보유국을 기정사실화하면서 북한의 핵무장도 사실상 '상수'가 된 것이다.

이 같은 상황에서 북한의 비핵화 정책은 그 의미를 점차 상실해 가고 있는 가운데, 북한의 핵 공격은 자신들도 절멸될 수 있다는, 이른바 '공포의 균형'에 의한 억지력으로 우리의 '자체 핵무장론'이 제기되고 있다. 또한 북한은 탄도미사일 기술을 이용한 지속적인 고강도 도발을 감행하고 있으며 최근에는 저열한 수준의 대남 '오물 풍선' 도발까지 자행하고 있다. 이는 실제로 북한이 풍선에 오물이 아닌 생화학 무기 등을 탑재해 공격할 수 있다는 군사적 메시지도 담고 있다. 이에 더해 고도화된 북한의 대량살상무기는 한반도 안보 위협은 물론 미국 본토까지 그 영향을 미칠 지경이 되었다는 것은 부인할 수 없는 현실이다. 북한의 이 같은 위협과 도발은 과거 어느 때보다 한반도의 지정학적 리스크를 높이고 있다.

그리고 중국과 러시아 사이에서 전략적인 시계추 외교를 해오던 북한이 우크라이나 전쟁을 계기로 러시아와 군사 협력에 적극 나서고 있다. 즉, 북한의 무기 지원과 러시아의 반대급부 제공 등으로 양국의 군사 협력이 확대되고 있으며, 소위 말해 러시아의 입장에서 북한이 갖는 전략적 가치가 높기 때문에 강력한 협력의 대상이 되고 있는 것이다.

이러한 가운데 2024년 6월 김정은 북한 국무위원장과 블라디미르 푸틴 러시아 대통령 간의 평양 정상회담에서 유사시 상호 방위 지원 조항을 핵심으로 하는 '포괄적 전략동반자 협정'을 체결했다. 이 협정은 실질적으로 과거 북·소의 군사 동맹조약을 복원한 준 군사동맹 수준이며, 김정은이가 '북러 관계 동맹 복원'을 선언하게 한 것이다. 이로써 북러 관계는 단순한 선린 우호 관계에서 군사 경제 우주 등 전반에 걸친 협력 관계로 확대 강화되었으며, 한반도 유사시 러시아의 군사적 개입 길이 사실상 열렸다는 점에서 우리나라 안보에 직접적인 위협이 증폭되고 있다. 실제로 2024년 11월, 우크라이나를 침공 중인 러시아에 파병된 북한군의 전투 참여를 공식화하기 위한 북러간 군사동맹수준의 조약을 비준했다. 이는 사실상 군사동맹으로서 러시아가 향후 군사적으로 한반도에 대한 영향력을 더 확대할 수 있다는 전망이 나온다.

윤석열 정부 출범 3년 차를 맞는 가운데 한반도를 둘러싼 국제정세의 특징은 한·미·일군사안보협력에 맞선 북·중·러 동맹 강화로 과거의 남방삼각체제와 북방삼각체제로의 회귀 현상이 나타나고 있다. 더욱이 북한의 연이은 도발에 따른 9·19 군사합의 파기에 이어 북한의 오물 풍선 도발에 대한 대응으로 대북 확성기 방송이 재개되면서 남북 간 군사적 긴장이 더욱 고조되고 있는 상황이다.

현재 남북한 관계는 2019년 2월 하노이 북·미 정상회담이 불발된 이후 경색 국면이 이어졌고 윤석열 정부 들어 더욱 심화되면서 최악의 위기 상황에 직면해 있다. 또한 김정은이 2024년 초 남북 관계를 동일한 민족 국가가 아닌 '교전 중인 두 개의 적대 국가'로 선포하여 기존의 잠정적인 특수 관계라는 남북 관계를 부정하고, 핵 선제공격을 법제화했다. 이는 '핵 무력 정책'에 근거해 남한 역시 적대 국가이기 때문에 핵 공격 대상이라고 위협하고 있는 것이다.

여기에 더해 북한 정권의 발목을 잡아 왔던 '모래주머니' 같은 유엔안보리 대북 제재도 중국과 러시아에 의해 서서히 풀리고 있으며, 이는 한·미·일 안보협력에 맞서는 북·중·러 공조 체제가 강화되고 있다는 것이다. 특히 북·러 간 밀착과 더욱 강력해진 군사 협력 확대가 한반도를 넘어 아시아·태평양 지역(아태 지역) 전반의 안보에 새로운 위협 요소가 될 수 있다는 점에 주목할 필요가 있다.

이러한 안보 환경의 변화 속에서 그리고 역대 정부에서 추진한 대표적인 안보정책과 관련된 전문가들의 의견과 평가를 비교하여 살펴보면 다음과 같다.

먼저, 국민 직선제로 선출된, 이른바 '제6공화국 시대'를 연 노태우 정부는 출범과 동시에 대표적인 안보 정책인 북방정책 드라이브를 강하게 걸었다. 구소련을 포함한 동구 사회주의권의 붕괴와 탈냉전의 흐름 속에서 한·소 및 한·중 수교 등의 전향적 북방정책을 추진했다.

이러한 북방정책의 결과로 소련, 중국 및 동유럽 사회주의권 국가들과 수교하는 등 총 37개 국가와의 외교 관계를 수립했다. 특히 한·중 간의 국교 수립에 따른 양국가의 교류는 경제 통상과 중국 내 '한류열풍' 등 사회 분야에서 비약적인 발전을 끌어낸 정책으로 평가받는다. 그러나, 국가 안보 분야에서 한·중 관계는 수교와 동시에 대만의 국교 단절이 뒤따랐으며, 한미동맹의 영향을 받아 불안정한 전략적 동반자 관계라고 평가되고 있다. 주목할 점은 국익을 우선한 북방정책에 있어서만큼은 여야 구분 없이 협치를 통해 노태우 정부를 뒷받침했다는 점이다. 그 당시 야당의 지도자 김대중 전 대통령의 6개국 순방과 김영삼 전 대통령의 소련 방문이 그 예다. 이는 노태우 정부의 북방정책에서 여야의 협치와 상생 정치가 높게 평가받는 부분이다.

따라서 노태우 정부의 안보 정책은 공산권 국가와의 수교를 통해 협상의 테이블로 불러낸 북한을 대외적으로 압박하여 남북한 동시 유엔 가입과 '남북한 기본합의서' 채택을 이뤄냈고, 협소한 한국 외교의 지평을 확장하여 남북한 관계 개선과 진전, 그리고 한반도의 평화 정착과 국익을 키워냈던 것으로 높이 평가되고 있다.

다음으로, 기존의 군사정권과의 차별성을 부각시킨 이른바 '문민정부'였던 김영삼 정부는 김일성 사망으로 최초의 남북정상회담의 불발과 그에 따른 조문 파동이 대북 관계의 구심력으로 작용하였다.

김영삼 정부는 남북한 관계가 갈등현상을 보일 때 '억제'의 대북 강경책을 내세워 북한과의 협력을 끌어내지 못한 실패한 대북정책이라는 부정적 평가가 많다. 그리고 한일 관계에서 정부 초기에는 '새로운 한일 선린 동반자' 구축 천명으로 비교적 우호적 관계가 유지되었다. 그러나 일본 측의 과거사 미화 발언을 두고 "일본의 버르장머리를 고쳐 놓겠다"라고 공언한 김영삼 정부에 돌아온 것은 다름 아닌 외환 위기 사태였다. 이는 비외교적 대응과 대일 강경정책이 한일 관계를 더욱 악화시켜 결국 IMF 사태를 불러왔다는 부정적인 평가가 많다.

2000년에 사상 최초로 남북정상회담이 이루어지고 6·15 남북공동선언을 채택한 김대중 정부는 극심한 여소야대 정국 상황에서 긴밀한 한·미 공조 속에 적극적인 대북 포용 정책을 추진했다. 대북정책으로 상징화되고 있는 햇볕정책으로 정주영 현대그룹 회장의 소 떼 방북을 기점으로 금강산 해로 관광 사업과 남북교류 협력 등이 활성화되었다. 이같이 남북 관계에서 북한의 협력을 끌어냈다는 점에서는 긍정적인 평가인 반면, 안보적 측면인 북핵 문제에 있어서 별다른 영향력을 보이지 못했다는 점에서는 부정적 평가이다. 특히 남북정상회담과 관련한 대북 송금은 옥에 티로 평가되고 있다. 반면에 한일 관계에서는 미래지향적 대일정책으로 앞선 정권 때의 경색된 한일 관계를 우호 협력적인 관계로 개선하였다는 점에서 긍정적인 평가가 높다. 특히 '21세기 파트너십 공동선언'인 이른바 '김대중-오부치 선언' 이후 역사적인 남북한 정상회담과 6·15 공동선언이 있었다. 이는 김대중 정부의 대북정책에 있어서 일본의 협조가 중요하였음을 보여준다.

노무현 정부는 국정과제 달성을 위해 대북 송금 특검과 6자 회담(남북한, 미국, 일본, 중국, 러시아) 등을 빠르게 추진했다. 그 결과 '평화 번영 정책'으로 북핵 해결을 위한 다자간 합의의 성과를 도출해 낸 6자 회담이 긍정적 평가가 높았던 반면, 불법 송금으로 확정판결 받은 대북 송금 특검은 남북 관계에 악영향을 끼쳤다는 점에서는 부정적인 평가가 더 많았다. 또한 대외정책에서 동북아 균형자론을 내세워 조정자로서 해야 할 역할에 나섰지만, 별다른 성과를 거두지 못했다는 평가이다.

노무현 정부도 남북정상회담을 성사시켜 적대와 대결의 남북 관계를 평화와 공동 번영의 남북 관계로 전환 시킨 점, 남북대화의 기반을 구축한 점에서 성과를 거둔 것으로 평가되지만, 퇴임에 임박한 정상회담이었기 때문에 탄력을 받지 못했다.

북한은 양 정부의 대북 포용 정책 시기에도 연평해전과 같은 무력도발을 감행했고 '북한 비핵화'로 포장된 가면을 뒤집어쓰고 핵무장을 은밀히 추진하였다. 결과적으로 노무현 정부의 대북 포용 정책은 강온 전략을 반복하는 북한의 대남 전술에 말려든 것으로 많은 비판과 논쟁을 불러일으켰다는 점에서 부정적인 평가가 높다. 결국 이는 '대북 퍼주기' 논란으로 정쟁화되어 남남갈등으로 점화되었고 북한 정권의 이중적인 실체가 드러났다.

김대중, 노무현 정부의 안보 정책을 서로 비교해 보면 김대중 정부는 빈틈없는 한·미 간 공조를 바탕으로 대북정책을 적극적으로 추진하였다. 이와 달리 노무현 정부는 북한이 주장해 온 '민족 공조,' '자주' 등을 내세웠고, 결국 이것이 한·미 공조의 균열을 초래하는 요인이 되었다. 이처럼 김대중, 노무현 정부의 안보정책은 외형적 행태와 다르게 안보 정책 목적과 관련된 본질적 가치와 내용의 상이성이 컸다는 점을 알 수 있다.

또 다음으로, 진보 진영의 정권에서 보수 정권으로 정권교체를 이룩한 이명박 정부와 박근혜 정부는 보수진영 정권이라는 공통점이 있다. 이명박 정부의 안보 정책은 대·미 관계에 역점을 두었고, 그 결과 한·미 관계 개선에는 큰 성과를 거두었다. 그러나 대북 관계에 있어서는 북한이 핵을 포기하고 개방에 나서면 지원하겠다는 상호주의원칙에 입각한 '비핵·개방 3000'이란 대북 강경정책은 결국 북한 반발에 부딪혀 제대로 펼쳐 보지도 못하고 실패했다는 평가이다.

마찬가지로 박근혜 정부에서도 대북 강경정책은 그대로 이어졌다. 박근혜 정부의 대북정책인 '한반도 신뢰 프로세스'는 실제 엄격한 상호주의와 안보 우선이라는 원칙 고수로 나타났다. 또한 평화통일 기반 구축과 '통일 대박론'으로 대내적으로 통일 담론을 확장했지만, 큰 성과를 거두지 못했다는 평가이다.

이처럼 이명박, 박근혜 정부의 대북 강경정책이 결과적으로 남북 관계 경색 장기화로 이어져 3차례의 핵실험(이명박 정부 2차례, 박근혜 정부 1차례)을 통한 북핵 개발 고도화와 북·중 관계 밀착 등과 같은 부정적인 결과를 만들었다는 평가이다.

그리고 김대중 정부의 '햇볕정책'과 노무현 정부의 '평화 번영 정책'을 계승한 진보적인 문재인 정부는 집권 초기부터 '베를린 선언'에서 시작된 '한반도 평화 프로세스' 정책을 과감히 추진했다. 즉, 북핵 문제 해결 및 한반도 평화 체제의 수립을 목표로 하였다. 그 결과 전임 보수정권 아래 경색된 남북 관계를 정상화하면서 문재인 정부의 대북정책을 상징하는, 이른바 '달빛 정책'을 부활했다. 이러한 적극적인 대북 포용 정책으로 2018년 한 해 동안 성사된 세 차례(4월 판문점 평화의 집, 5월 JSA 평화의 집, 9월 평양)의 남북정상회담을 통해 남북 간 적대 행위를 금지한 '9 · 19 남북 군사합의'를 끌어냈다. 이러한 구체적인 성과가 한국 안보에 긍정적인 영향을 미쳤다는 평가가 높았고, 특히 한반도의 군사적 긴장 완화 형성에 큰 영향을 주었다는 점에서 역시 중요한 정책 성과로 평가된다. 한편 9 · 19남북군사합의가 우리의 군사적 대응 능력을 스스로 제한하고 북한의 대남 도발 역량을 키워줬다는 점에서 부정적 평가도 있다.

실제로 문재인 정부의 남북 관계는 2019년 하노이 북미 정상회담이 결렬된 이후 북미 간 대화가 중단되면서 경색되었다. 그런 가운데 문재인 정부 말기에는 북한의 대남 도발과 남북공동연락사무소 폭파로 남북 관계가 급랭하면서 문재인 정부의 대북 영향력도 상실하게 되었다.

더욱이 북핵 문제 타결을 위한 문재인 정부의 '스냅 백(조건부 제재 완화)' 방식에 대해 도널드 트럼프 전 미국 대통령이 동의하지 않으면서 한반도 평화 프로세스 정책 추진은 끝내 좌초되고 만다. 어쩌면 이 정책이 북미 정상회담 결렬의 원인 중 하나일 수 있다고 평가한다. 물론 한일 관계 악화 국면에서 미국에 편승한 아베 일본 정부가 문재인 정부의 대북정책을 지속해서 방해했다는 것도 하노이 정상회담 불발의 또 다른 원인이 될 수 있다는 평가이다. 이는 보편적 가치와 상식에 기반한 국제사회가 아니라 자국의 이익을 위해서는 동맹국도 배제할 수 있다는 국제관계의 냉혹한 자국 우선주의의 한 단면이다.

또한 문재인 정부의 대일 정책은 반일 정서에 기댄 강경책으로 한일 협력 관계를 반일 갈등 관계로 만들어 한·미·일 안보 공동체를 훼손하였다는 점에서 부정적 평가이다. 특히 우리의 안보상 적국인 북한과 중국에 이롭게 할 수 있는 한일군사정보보호협정인 '지소미아 협정 파기'라는 '안보 도박'을 하다가 미국의 압박에 결국 백기를 들기도 했다. 이러한 오락가락하는 정책의 난맥상이 드러났다는 점에서 대체로 부정적인 평가가 높다.

끝으로 윤석열 정부는 자유, 평화, 번영의 글로벌 중추 국가를 국가 안보 전략의 비전으로 내세우면서 한미일 '가치 외교'에 주력했다. 북핵 위협에 대응하기 위한 한미 동맹과 한미일 협력 공조를 강화하는 동시에 유럽 국가들과의 안보 및 글로벌 현안 관련 협력 강화, 한일 '셔틀 외교' 복원과 지소미아(한일군사정보협정) 완전 정상화 등의 성과에 대해 긍정적으로 평가했다. 이에 반해 윤석열 정부의 안보 정책이 과도하게 미·일 중심의 편중 외교로 일관해 왔고, 강경 일변도의 대북 정책에 따른 북한의 적대적 2국가론 등장과 북러군사동맹 복원이 한반도 안보 위협을 고조시키고 있다는 점에 대해 부정적으로 평가했다. 특히 미국이 동맹국인 한국을 '민감 국가'로 지정한 것은 윤석열 정부에 대한 강한 불신과 국제사회의 경고로 볼 수 있으며, 대일 정책을 두고도 우리 국민 70%가 대일 굴종 외교라고 답했을 정도로 부정적인 평가가 높게 나타났다.

이와 같이 역대 정부의 안보 정책(주로 북한 위주의 정책)과 현안에 대한 전문가들의 평가를 살펴보았다. 이를 요약하면 역대 정부의 대북정책은 각 정부의 성격과 정치적 상황에 따라 매번 다른 유형의 정책이 되어 결국 정책의 효과를 거두지 못하고 실패한 정책이 되고 말았다. 그 이유는 역대 정부 대북정책에서 보수정권과 진보정권이 바뀔 때마다 이전 정권의 정책을 모두 지울 뿐만 아니라 정책 방향도 일관성이 전혀 없었기 때문이다. 이와 반대로 북한의 대남 정책은 체제 보존을 위한 핵무장 정책을 북한 정권 수립 이후 76년 동안 한 번도 바꾸지 않고 일관되게 추진해 왔다는 점이다. 다만 2024년 1월 남북 관계를 '적대적 두 교전국 관계'로 법제화한 대남정책 변경은 예외적이다.

이 같은 이유로 보수정권과 진보정권의 대북정책을 크게 두 가지로 나뉠 수 있는데, 상호주의원칙에 입각한 대북 강경정책을 추진한 보수 정권과 유화적인 대북 포용 정책(햇볕정책)을 추진한 진보정권이다. 이러한 보수 진보 양 진영 간의 정책을 두고 상반된 평가가 존재한다.

즉, 역대 보수정권의 대북 강경 일변도의 정책이 남북 관계를 더욱 악화되게 한 나머지 북핵 문제를 답보된 상태에 놓이게 했다는 것이다. 이로 인해 보수정권 집권 때 강행한 네 차례의 핵 실험을 통해 북한의 핵 무력이 고도화로 이어졌다는 부정적인 평가가 높다. 이와 달리 역대 진보정권의 대북 유화정책이 남북 관계 정상화와 북한 비핵화 합의를 끌어냈다는 점에서는 긍정적인 평가이다. 그러나 국가 안보적 관점에서 진보정권의 대북 경제 지원이 결국 북핵 개발의 종잣돈이 되면서 핵무장과 체제 유지 위기에 처한 북한 정권을 회생시켰고, 진보정권 3대(김대중, 노무현, 문재인)에 의해 북한이 핵 무장할 시간을 벌어주었다는 점에서 부정적 평가가 높다.

이 같은 보수 진보 양 진영의 대북정책에 대한 북한의 태도는 확연히 구분되었다. 다시 말해 역대 보수 정권 때는 단 한 번도 안 이루어졌던 남북정상회담이 진보정권에서 모두 성사되었다는 점이 대표적인 사례이다. 그러나 대화와 평화를 내세운 역대 진보정권이 북한 특유의 이중적 대남 전략인 화전양면책과 살라미 전술에 이용당해 결과적으로 북핵 고도화 시간만 벌어주었다는 부정적 평가도 높다.

그런데 이와 관련된 안보 전문가의 또 다른 평가가 있다. 북한은 이미 세습 체제 유지 수단과 한반도 적화통일(남북 병합)을 위하여 강력한 핵무장을 대외정책의 최종 목표로 삼고 있었기 때문에 북한의 핵 무력 고도화는 그간 각 정권의 성격이나 정책과는 무관하다고 평가한다.

이처럼 한 국가의 안보 정책은 국민의 생존뿐 아니라 국가의 존망과도 직결되므로 한 치의 실수도 허용할 수 없는 중차대한 국가적 핵심 과제이다. 이러한 중요한 정책 결정이 정권에 따라 오락가락한다는 것은 이미 정책 실패를 예고한 것이나 마찬가지이다. 또한 역대 정부마다 정권 친화적인 인사를 자문위원으로 선정하였으나 정부 정책 전개에 부정적인 정향을 나타내는 것은 자문위원 각자의 성향에 기인한 것으로 보인다.

최근 북한이 미국 트럼프 2기 행정부 출범에 맞춰, 자칭 핵보유국 지위로 북미 간 핵 군축 협상을 하기 위해 '핵 무력 강화 노선'을 재천명했다. 이에 국익 우선 안보 정책을 펼칠 것으로 보이는 트럼프 2기 정부도 북한과 협상 재개에 적극적으로 나설 가능성이 크다. 하지만 북한의 핵보유국 지위를 사실상 인정하는 핵 군축 협상에는 나서지 않을 것으로 보인다. 다만 미 본토를 타격할 수 있는 북핵 미사일이 실전 배치된 상황에서 남북한의 강 대 강 대결 구도가 지속되거나 자국에 대한 안보 위협이 더욱 커질 때 북미 간 핵 군축 협상을 고려할 수 있을 것이다. 이는 중대한 위험으로 귀결될 우려가 매우 크다. 만일 트럼프 2기 정부에 의해 북한이 핵보유국이 된다면 한반도 평화와 안보에 직접적인 영향을 미칠 뿐만 아니라 동북아의 핵 도미노 현상을 수반할 수 있기 때문이다.

따라서 보수 진보정권을 막론하고 과거 실패한 안보 정책을 교훈 삼아 국익 중심적인 원칙 있는 정책 수립과 일관된 정책 추진이 요구된다. 즉, 정권은 교체되어도 정책 기조는 바뀌지 않아야 그 정책 성과를 창출할 수 있다. 한 예로 보수 진보정권의 교체와 상관없이 21년 넘게 일관된 빌리 브란트의 동방정책 기조 유지가 독일통일의 원동력이 되었다는 점이다. 특히 국민의 지지를 받는 힘 있는 정책이 되기 위해서도 안보 정책은 여야의 초당적인 국민적 공감대 형성이 요구된다. 더하여 남북 최고 정상 간의 합의사항은 어떤 정부가 들어서더라도 존중돼야 하며, 지속적인 추진과 이행을 위해 국회 동의가 필요하다. 비록 핵 무력 강화 정책을 헌법화한 북한 정권과의 대화와 협상은 쉽지 않지만, 결국 국제사회와의 공조를 통한 대북 제재에 더해 대화라는 수단을 병행해야 한다. 그러기 위해서도 경직된 대북 접근을 지양하고 대화의 끈은 놓지 말아야 할 것이다.

인명 색인(총 95명)

성 명	자문위원 임명 시기 (해당 시기의 대통령)	주요 경력
강성윤	통일부 자문위원(김대중)	동국대 교수
강인선	외교부 자문위원(이명박, 박근혜)	조선일보 부국장, 대통령비서실 대변인
강정구	통일부 자문위원(김영삼)	동국대 교수
고성윤	통일부 자문위원(김대중)	한국군사과학포럼 대표
고유환	통일부 자문위원(김대중, 이명박, 박근혜), 외교부 자문위원(문재인)	동국대 교수, 통일연구원 원장
곽태환	통일부 자문위원(김영삼, 김대중)	통일연구원 원장
구갑우	통일부 자문위원(문재인)	북한대학원대학교 교수
구본학	통일부 자문위원(이명박)	한림대 교수
김경수	외교부 자문위원(노무현, 이명박)	명지대 교수
김경원	외교부 자문위원(김영삼, 김대중)	고려대 교수
김근식	통일부 자문위원(박근혜) 외교부 자문위원(이명박~문재인)	경남대 교수
김남식	통일부 자문위원(노태우, 김영삼)	평화연구원 연구위원
김동엽	외교부 자문위원(문재인)	경남대 교수
김명기	통일부 자문위원(노태우, 김영삼)	명지대 교수
김성경	통일부 자문위원(문재인)	북한대학원대학교 교수
김세원	통일부 자문위원(노태우)	서울대 교수
김수암	통일부 자문위원(박근혜, 문재인) 외교부 자문위원(이명박)	통일연구원 연구위원

김영수	통일부 자문위원(김영삼, 김대중, 이명박, 박근혜, 문재인)	서강대 교수, 북한연구소 소장
김영호	외교부 자문위원(노무현)	성신여대 교수
김영희	통일부 자문위원(문재인)	산업은행 북한경제팀장
김용현	통일부 자문위원(이명박, 박근혜, 문재인) 외교부 자문위원(문재인)	동국대 교수
김용호	외교부 자문위원(노무현, 박근혜, 문재인)	외교안보연구원 교수, 인하대 교수
김용호	통일부 자문위원(김영삼, 박근혜)	통일연구원 연구위원, 연세대 교수
김재홍	통일부 자문위원(김대중)	경기대 교수
김준형	통일부 자문위원(박근혜, 문재인)	한동대 교수
김진무	통일부 자문위원(이명박)	한국국방연구원 연구위원
김태우	통일부 자문위원(이명박)	한국국방연구원 책임연구위원, 통일연구원 원장
김태현	통일부 자문위원(박근혜) 외교부 자문위원(노무현, 이명박, 박근혜, 문재인)	중앙대 교수
김학성	통일부 자문위원(박근혜, 문재인)	충남대 교수
김현아	통일부 자문위원(문재인)	'나와 우리' 운영위원
김흥규	통일부 자문위원(문재인)	아주대학교 중국정책연구소장
도경옥	통일부 자문위원(박근혜, 문재인)	통일연구원 연구위원
류길재	통일부 자문위원(이명박)	경남대 교수, 통일부 장관
문정인	통일부 자문위원(김대중) 외교부 자문위원(김대중, 노무현)	연세대 교수, 대통령비서실 통일외교안보특별보좌관, 세종연구소 이사장
박영호	통일부 자문위원(이명박, 박근혜)	통일연구원 연구위원

박원곤	통일부 자문위원(박근혜, 문재인)	이화여대 교수
박인휘	통일부 자문위원(이명박, 박근혜, 문재인)	이화여대 교수
박종철	외교부 자문위원(이명박)	통일연구원 연구위원
박철희	통일부 자문위원(이명박, 박근혜)	서울대 국제대학원 원장
박태균	통일부 자문위원(이명박)	서울대 교수
박형중	통일부 자문위원(이명박, 박근혜, 문재인)	통일연구원 연구위원
백학순	외교부 자문위원(노무현, 이명박)	세종연구소 연구위원
변진석	통일부 자문위원(이명박)	숙명여대 교수
서보혁	통일부 자문위원(박근혜, 문재인)	통일연구원 연구위원
서진영	통일부 자문위원(김영삼)	고려대 교수
안병민	통일부 자문위원(박근혜, 문재인)	한국교통연구원 연구위원
안병준	통일부 자문위원(노태우) 외교부 자문위원(노태우, 김영삼, 김대중)	연세대 교수
안희창	외교부 자문위원(이명박)	중앙일보 수석논설위원
양무진	통일부 자문위원(이명박, 문재인) 외교부 자문위원(문재인)	북한대학원대학교 교수
연하청	통일부 자문위원(노태우, 김영삼)	KDI북한경제연구센터 소장
오일환	통일부 자문위원(이명박, 박근혜)	보훈교육연구원 원장
유석열	통일부 자문위원(노태우)	외교안보연구원 교수
유호열	통일부 자문위원(이명박, 박근혜)	고려대 교수
윤덕민	통일부 자문위원(김영삼, 이명박, 박근혜)	외교안보연구원 교수, 국립외교원 원장
윤여상	통일부 자문위원(박근혜)	북한인권기록보존소 소장
윤영관	외교부 자문위원(김대중, 노무현)	서울대 교수
이대근	통일부 자문위원(박근혜)	경향신문 편집국장
이동률	통일부 자문위원(이명박, 박근혜)	동덕여대 교수

이상우	통일부 자문위원(노태우), 외교부 자문위원(노태우, 김영삼, 김대중, 노무현)	서강대 교수
이수석	통일부 자문위원(이명박, 박근혜, 문재인)	통일정책연구소 연구위원
이영훈	통일부 자문위원(박근혜, 문재인)	한국은행 연구위원, SK경영경제연구소 연구위원
이우영	통일부 자문위원(박근혜, 문재인)	북한대학원대학교 교수
이장춘	통일부 자문위원(김영삼, 김대중)	주오스트리아대사
이정철	통일부 자문위원(박근혜, 문재인)	숭실대 교수, 서울대 교수
이종석	통일부 자문위원(김영삼, 김대중)	통일부장관, 세종연구소 연구위원
이춘근	통일부 자문위원(이명박, 박근혜, 문재인)	세종연구소 연구위원, 국가전략포럼 연구위원
이호령	통일부 자문위원(박근혜, 문재인)	국방연구원 연구위원
이희옥	통일부 자문위원(박근혜, 문재인)	한신대 교수
임을출	통일부 자문위원(박근혜, 문재인)	한겨레 기자, 북한대학원대학교 교수
장달중	통일부 자문위원(노태우, 김영삼)	서울대 교수
전봉근	통일부 자문위원(이명박, 박근혜)	국립외교원 교수
전성훈	통일부 자문위원(이명박, 박근혜)	통일연구원 연구위원
전재성	통일부 자문위원(이명박, 박근혜, 문재인) 외교부 자문위원(김대중, 노무현, 이명박)	서울대 교수
정규섭	통일부 자문위원(이명박, 박근혜)	관동대 교수
정성장	통일부 자문위원(이명박, 박근혜, 문재인)	세종연구소 연구위원
정세현	통일부 자문위원(노태우)	통일부 장관, 민주평화통일자문회의 수석부의장
정영태	통일부 자문위원(이명박, 박근혜)	통일연구원 연구위원, 북한연구소 소장

정욱식	통일부 자문위원(문재인)	평화네트워크 대표
정종욱	통일부 자문위원(노태우)	서울대 교수
조남훈	통일부 자문위원(박근혜, 문재인)	한국국방연구원 연구위원
조동호	통일부 자문위원(이명박, 박근혜)	이화여대 교수
조봉현	통일부 자문위원(박근혜, 문재인)	IBK경제연구소 연구위원
조성렬	통일부 자문위원(박근혜, 문재인)	국가안보전략연구원 연구위원
조영기	통일부 자문위원(이명박, 박근혜)	고려대 교수
조윤영	통일부 자문위원(이명박, 박근혜)	성균관대 교수
차두현	통일부 자문위원(이명박, 박근혜)	한국국방연구원 북한군사연구실장, 경기도 외교정책특별자문관
최형익	통일부 자문위원(문재인)	한신대 교수
하영선	통일부 자문위원(노태우, 김영삼) 외교부 자문위원(김대중, 노무현)	서울대 교수
하용출	통일부 자문위원(노태우, 김영삼)	서울대 교수
한석희	통일부 자문위원(이명박, 박근혜) 외교부 자문위원(이명박)	연세대 교수
한승주	통일부 자문위원(노태우)	고려대 교수, 외무부 장관
함재봉	통일부 자문위원(김대중, 노무현)	연세대 교수, 아산정책연구원 원장
홍규덕	통일부 자문위원(박근혜) 외교부 자문위원(노무현, 이명박)	숙명여대 교수, 주형가리대사
홍민	통일부 자문위원(박근혜, 문재인)	통일연구원 연구위원
황재옥	통일부 자문위원(박근혜)	평화협력원 부원장

전지명

[주요 약력]

- 백야김좌진장군기념사업회 이사장
- 칼빈대학교 부총장, 석좌교수
- 동국대학교 사회과학대학 북한학 겸임교수
- 시민일보 대표, 논설위원
- 한국문인협회 대변인, 자문위원
- 한국문학예술가협회 회장
- 대한민국 경영인 신지식인

- 칼빈대학교 명예철학박사
- 동국대학교 정치학박사
- 연세대학교 국제경영학 석사
- 성균관대학교 경제학 학사

[주요 저서]

- 북한 세습정권의 이해, 삼영사
- 김정은 시대 북한의 미래, 삼영사
- 북한의 외국인 투자제도, 삼영사
- 전지명의 시사진단, 삼영사
- 전지명의 세상보기, 삼지원
- 몽골의 외국인 투자제도, 삼영사
- 찻잔 너머의 세상, 대영미디어
- 이것이 몽골이다, 집문당
- 여의도의 봄은 아직 멀고, 이지출판 외

저자와의
협의하에
인지생략

역대 정부의 안보 정책 - 정책 현안과 평가 -

2025년 4월 28일 1판 1쇄 인쇄
2025년 5월 9일 1판 1쇄 발행

저 자 전 지 명
발행인 고 성 익

05027
발행처 서울특별시 광진구 아차산로 335 삼영빌딩
도서출판 三 英 社
등 록 1972년 4월 27일 제2013-21호
전 화 737-1052 · 734-8979 FAX 739-2386

정가 25,000원
ISBN 978-89-445-0600-0-03340